Éramos Jovens não morreríamos nunca

EDITORA
Ana Cândida Costa

ASSESSORIA TEXTUAL E REVISÃO
Sandra Brazil

PROJETO GRÁFICO E DIAGRAMAÇÃO
Renata Ratto / rerattodesign.com.br

ASSISTENTE DE PROJETO GRÁFICO
Breno Lima

FOTO DA CAPA
Paulo Roberto Pellicano (Ouro Fino, 23.5.1952 / São Paulo, 31.1.2009)

TEXTO DA PÁGINA 246
José Romildo de Oliveira Lima

Os textos que abrem cada capítulo fazem parte
de um poema escrito pela autora do livro, inspirado
em "A Arte de Perder", de Elizabeth Bishop.

Dados Internacionais de Catalogação na Publicação (CIP)
Bibliotecária Juliana Farias Motta CRB7 — 5880

F274e   Favilla, Clara

Éramos jovens, não morreríamos nunca: cadernos de viagem /
Clara Favilla — São Paulo: Musa Editora, 2021

276 p.; 18cm x 25cm
ISBN 978-65-86629-06-4

1. Favilla, Clara, 19- — Viagens. 2. Brasil — Descrição
e viagens — Crônicas. 3. Crônicas brasileiras. I. Título

CDD B869.8

Índice para catálogo sistemático:
1. Favilla, Clara, 19- — Viagens
2. Brasil — Descrições e viagens — Crônicas
3. Crônicas brasileiras

Musa Editora
T 11 3862-6435 | 35 99892-6114
musaeditora@uol.com.br
www.musaambulante.com.br | www.musaeditora.com.br
Facebook/MusaEditora | Twitter/MusaEditora | Instagram/musaeditora

Clara Favilla

Éramos Jovens
não morreríamos nunca

cadernos de viagem

MUSA
EDITORA

Dedico este livro à Leda Flora,
quem primeiro ouviu e leu
tudo o que vai aqui contado.

Sumário

Abertura
O fio dos dias   14

Chegadas são caixas de Pandora   16

Vaivém domingueiro   19
"Que havemos de esperar Marília bela?"   21
Três Marias   23
Velórios à cachaça e café   26
Festa desperdiçada   29
Papai do céu chamou   31
De tanto amor   33
Pão de casa   34
Pijama de madeira   36
Meninas caipiras   38
O melhor lugar do mundo   40
Rosários de acontecimentos   43
Era uma vez em Brasília   47
Arremates perfeitos, língua ferina   49
Coitado do marido!   51
É da vida!   53

Amor demais da conta   56

Mestres de ofícios   59
Espuma pelas ventas   61
Se arrependimento matasse!   64
O pra sempre que se acabou   66
Costura-se para senhoras   68
Durou bem pouco   70
Presentes, só os dos Reis Magos   71
Pano para mangas   73

Um vestido, duas noivas   75

Rosas e espinhos   77

A casa inicial   79

Roda pião, bambeia pião!   81

Cruz que se carrega   83

Vida sozinha de casada   85

Menina mimosa   87

Com açúcar e com afeto   90

A estrela da sorte   93

"Rapa do tacho"   95

Tudo era um "Deus, nos acuda!"   97

A falta que ela faz   100

Não chorei no dia   102

O missal   104

O prato frio da vingança   106

Perfeccionismo de contador   108

Noite em azul e prata   111

Saudade que não passa   113

Pietà   115

Além das cortinas, o infinito azul   116

Choro sem conformação   119

Nas barbas da vizinhança   121

Trilhos abandonados   122

Janela para o paraíso   124

Vento, ventania!   126

Mágica de enganar menino leso   127

Minas viaja comigo   128

Bem-vindo ao nosso lar!   130

Do céu choveria fogo   132

A rua onde tudo acontecia   134

O mundo era ali e era bom! 137

Arroz, prato nada trivial 139

Cidades e suas vaidades 141

Lurdinha, a eterna 142

Bananas, torresmos e o perfume que foi ao chão 143

A donzela e seu castelo 145

Música à janela 148

Água milagrosa 150

Aqui, meu coração fica 151

Rios desenham paisagens 152

Águas brancas, turvas, transparentes 155

Testemunha milenar 157

"Você me abre seus braços..." 159

E daí se não há botes salva-vidas para todos 161

Ai de mim, Copacabana! 164

Pedacinho do céu 165

Odor de santidade 167

O verde do Parnaíba 169

O Velho Chico 170

Minas nem se acaba e já começa a Bahia 172

Da aldeia massacrada, nasce Januária 174

Nuvens de borboletas 176

Acrobacias de vaga-lumes 178

Mar de lendas 179

Pirataria à luz do dia 181

Tudo tão real, um sonho   184

Paisagens franciscanas   187
A primeira vez, o mar   190
Fogão de fora, fogão de dentro   191
Cana-caiana, doce e macia   192
Roupas novas para velhas canções   194
Minas dos Cataguases   197
Casa vazia   198
De volta para a cidade   199
Desprezou a riqueza, ganhou o céu   201
Nossa Senhora sem rosto   204
"Aqui estou!"   206
Crianças nem tão boazinhas assim   207
"Où j'ai laissé mon chapeau?"   209
Era uma vez a Tiuca!   212
Delírios de meninas escrevinhadoras   214
Sinal de Caim   216
Carta nem enviada, metade perdida   218

O infinito espelho do passado   220

A radical lucidez da loucura   223
A verde ironia de Cesário   225
Eterno é o presente   227
Felizes os que dormem sossegados   229
Longa noite sem fim   232
Para mim, bastaria o mundo   235
Éramos jovens, não morreríamos nunca   238
O céu e o inferno do amor   240
Sem você, nada seria o que é   242
Me lembro de você, minha predestinada   244
Somos nuvens, acontecemos de chover   245

Anos de chumbo e de ambrosia   247

Sangue na camisa branca   249

Vidas interrompidas   251

Sino, sinal aberto   254

O fusca destruído   260

O destino bate à porta   262

Desalento e conversa fiada   264

Sexta-feira, fim de expediente   268

Se acontece, é porque tem muita força   269

O fim é só outro começo   272

Epílogo
Sou eu ali e a porta do teatro já se abre   274

Tirando as pessoas encantadas
E alguma alma bem-amada
O resto é mentira da saudade...

Clodo Ferreira
instrumentista e compositor

Aber-
tura

O fio
dos
dias

CRIANÇA, EU JÁ GOSTAVA DE RABISCAR POEMAS, DE REGISTRAR, em cadernos, as viagens que fiz com meus pais desde Francisco Sá, São Paulo ou Arapongas, no Paraná, a Ouro Fino, Sul de Minas, para ver meus avós e a parentada toda. Depois, registrei viagens com amigos e, bem mais tarde, as que fiz sozinha.

Viajar sem ter que combinar nada com ninguém é muito, muito bom. Melhor ainda aquelas que fazemos sem itinerário certo, driblando riscos e imprevistos. Por bibocas, onde Judas perdeu as botas. O vento faz a curva. É assim que colecionamos histórias daquelas de que até Deus duvida.

Relato, neste livro, travessias, não todas, pelo norte de Minas Gerais e mais além, quando aprendi a caminhar por trilhas e veredas, dormir na estrada à espera da chuvarada passar e amar com devoção o cerrado, a caatinga, o rio São Francisco e alguns de seus afluentes. Histórias das ruas e casas da minha infância, do tempo que eu sabia "que tinha a felicidade e a perderia".

Histórias do século passado, quando não tínhamos tablets ou celulares. A novidade, que festejávamos, então, era minha vitrolinha portátil à pilha que também funcionava à eletricidade. Presente de meu pai, levávamos sempre a preciosidade em nossas andanças de garotas que logo se veriam adultas. De tampa verde-clarinha, fechada era uma maletinha quadrada. Fácil de carregar e bem bonita. Levávamos também nossos discos, nossos livros, nossos medos e a esperança de que tudo daria certo ali, naquele presente, longe dos nossos pais, e também um dia, quem sabe!

De trem, ônibus, caminhonete, balsa e barco deparamos com a surpresa do inimaginável, o medo absoluto e a felicidade plena inexplicável de fazer parte das vastidões desse mundão de Deus. Éramos a paisagem de céus, águas e matagais. Éramos também o caminho: as estradas, as veredas, as ruas que percorríamos. As pessoas que conhecíamos e suas histórias.

Tudo nos acompanharia para sempre. Compreendemos. E com os fios do nosso espanto e encantamento continuamos a tecer o mosaico, o rosário de aleluias e penitências, das cidades e confins de Minas, do Brasil e do mundo. A nossa própria vida e a dos outros.

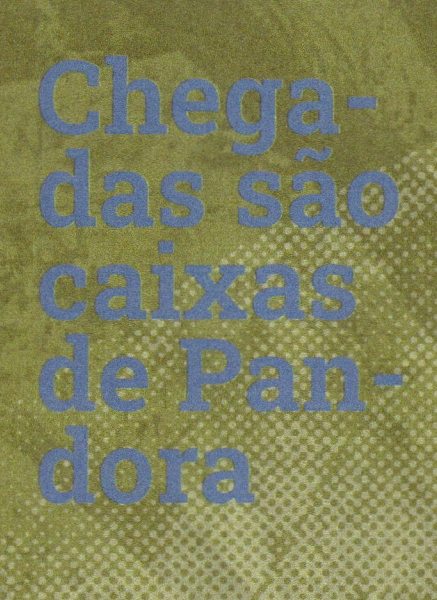

Chega-das são caixas de Pan-dora

Perdi um relógio,
o tempo da minha mãe.
Óculos aros de tartaruga,
os olhos do meu pai.
Perdi, agora, a última das três casas
que dos relâmpagos,
chuvas de uma estação inteira,
sóis e luas
me abrigaram:
torsos, pernas e braços
dos homens que amei.

Vaivém domingueiro

JULHO DE 1970. FOI COM A VITROLINHA, NOSSOS DISCOS E LIVROS preferidos que chegamos, num domingo, a Belo Horizonte, de ônibus, vindas de Brasília.

A cidade ainda acordava. Nas ruas, pouco movimento. Só seguiríamos para Bom Despacho à noite. Guardamos nossa pouca tralha toda no depósito da rodoviária e corremos atrás do café da manhã.

Depois de nos esbaldar com pães de queijo quentinhos, passamos pelo Parque Municipal, demarcado antes mesmo de Belo Horizonte nascer. Fez parte do projeto original da cidade, que já lhe engoliu mais de dois terços do verde. O arquiteto e paisagista francês Paul Villon sonhou e conseguiu, para a capital de Minas Gerais, a glória de ter, no final do século XIX, o maior parque urbano da América Latina.

O parque encolheu. Mas continua lá a velha ponte de madeira, pontezinhas, lagoas. Árvores centenárias: figueiras, jaqueiras, ciprestes-calvos, flamboyants, eucaliptos, sapucaias, paus-mulatos e paus-reis. Abrigos de bem-te-vis, tucanos, sabiás, garças e periquitos. De morcegos atrás de frutas e de insetos, gambás-de-orelha-branca e miquinhos traquinas. Abelhas, bichos-paus, besouros, formigas e borboletas. Folhas que curam: erva-doce, melissa, arruda, boldo, bálsamo, hortelã-pimenta, funcho, erva-cidreira, chapéu-de-couro e quebra-pedra.

Gente com e sem pressa, pais e seus meninos, pedintes maltrapilhos, ambulantes e suas quinquilharias, namorados inconvenientes, todos querem a sua sombra, a brisa, o mel, o remédio.

Stella nos aponta a beleza escultural dos paus-mulatos. Ancestrais dessa árvore viajaram da Amazônia para que aqui nos maravilhassem. São garbosas, retilíneas e podem alcançar quarenta metros de altura. Todos os anos, descascam-se em longas tiras verticais, deixando à mostra troncos de superfícies lisas, brilhantes e avermelhadas. Ao trocarem de pele, livram-se de pragas, de doenças e plantas parasitas. Ramificam-se apenas no topo. Inverno, testemunhamos como florescem: estrelinhas perfumadas em pencas que produzem muito néctar para a delícia de abelhas e borboletas em revoadas.

Sem tanto tempo para outras contemplações, deixamos com certa pena o parque para trás. Continuamos nossa caminhada por alamedas asfaltadas e ruas estreitas, mais antigas, calçadas de paralelepípedos, gramas nos vãos de pedras gastas. Praças, casas bonitas, vitrines, artesãos, vendedores de pastéis quentinhos. Igrejas. Vaivém domingueiro.

"Que havemos de esperar, Marília bela?"

SEIS ANOS ANTES, FEVEREIRO DE 1964, ESTIVE EM BELO HORIzonte pela primeira vez. A cidade está no caminho de Brasília para quem sai do Sul de Minas e não quer avançar até Campinas, em São Paulo, e só depois tomar a direção do Centro-Oeste.

Na mudança da família de Arapongas, no Paraná, para Brasília, agosto de 1963, procuramos abrigo na casa da nossa avó materna. No início de setembro, minha mãe completou a viagem com os dois filhos menores, ainda não em idade escolar. Em dezembro, logo que as férias começaram, minha irmã aproveitou a companhia de um primo mais velho para se reunir à família. Eu estava bem onde estava e não dava sinais de apostar que a vida com meus pais e irmãos seria menos difícil no novo endereço. Meu pai não se conformou e foi me buscar.

Naqueles tempos, era intensa a romaria de famílias de Minas para a recém-inaugurada capital do país. Todos os ônibus do dia estavam lotados. Passagens, só para a manhã seguinte. Dormimos num hotel do Centro. À noite, a amiga que viajava conosco resolveu dar uma volta pelos arredores, para desespero do meu pai. Apesar da cara feia dele, saímos com a recomendação de que chegássemos em uma hora, no máximo, e não ficássemos paradas na porta do hotel.

— Ah, seu Dário, a Clara ainda é menina e ninguém vai, pelo amor de Deus, me confundir com alguma puta. Tenho até carteira de trabalho — respondeu, aborrecida, Marília que também era de Dirceu.

Que havemos de esperar, Marília bela? Que vão passando os florescentes dias? As glórias, que vêm tarde, já vêm frias.

Meu pai sempre tinha o recurso de versos memorizados, ainda menino, para realçar momentos felizes ou dissipar os tormentosos ou embaraçosos, mesmo se a contextualização fosse pra lá de imperfeita. Tratamos de escapulir do quarto o quanto antes. Ainda no *hall*, marcamos como ponto de referência, bem em frente, um anúncio da Coca-Cola, todo em luzinhas saltitantes, para compensar a falta de identidade arquitetônica do nosso hotel.

Claro que só chegamos bem depois do combinado. Demos voltas e mais voltas, pareciam infinitas, à procura do luminoso que marcara nosso ponto de partida. Havia tantos, sempre iguais, esparramados pela cidade toda. Éramos Joaninha e Maria perdidas na selva de pedra. Havíamos marcado o caminho de volta com miolos de pão que passarinhos devoraram.

Sentíamo-nos cada vez mais longe do nosso destino, até que um bom samaritano nos acudiu. Dário nos esperava na calçada e nos deu uma bronca daquelas, sem apelar para qualquer verso.

Na segunda vez, com as amigas Stella e Marisa, as horas voaram enquanto caminhávamos pelo Centro de Belo Horizonte. Logo estávamos, de novo, na estrada. Bom Despacho nem fica tão longe da capital. As amigas matraqueavam, insones e sem cansaço. Fui me desgrudando daquela converseira toda que hiatos, provocados pelos meus cochilos, deixavam cada vez mais sem pé nem cabeça. Mergulhei, então, nas profundezas de um sonho aos solavancos.

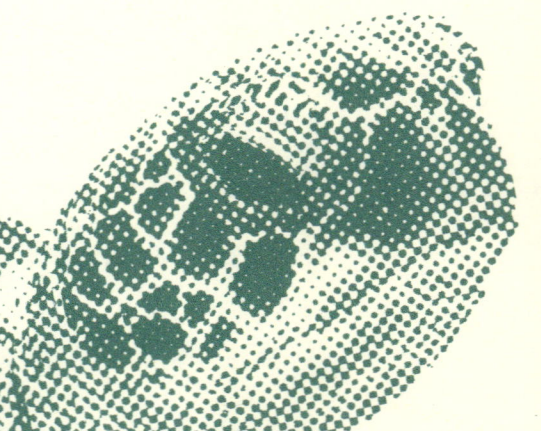

Três
Marias

ACORDEI, MEIO DESNORTEADA, JÁ COM O ÔNIBUS PARADO E OS passageiros naquele atropelo sem explicação da descida. Logo estaria arrastando minha mala por ruazinhas escuras e tortas. O silêncio da quase madrugada nos recebeu. Os de casa, menos Márcia e Maria, estão na fazenda. Eu, já na cama, depois de um bom banho. Marisa e Stella, na sala, vendo álbuns de retratos, cheios de histórias de família.

E lá vem a ladainha! Tia Jussara, tão bonita, morreu nem tinha vinte anos. De coração despedaçado. O noivo a largou praticamente no altar. A irmã, Esmeralda, a feia, até conseguiu se casar. Mas o marido também se enrabichou por outra. Sem eira nem beira, criou a filharada graças à caridade da família e nem tão agradecida foi. Esta é do dia do meu batizado. Fiquei roxa de tanto chorar. Minha mãe e meu pai no dia que se casaram. Meu avô com a espingarda de caça.

Minha avó. Nunca cortou os cabelos. Nem depois que se casou. Soltos, chegavam abaixo da cintura e sempre juntos numa única trança malfeita, na pressa de se começar o dia. Mais velha, duas tranças enroladas em coques, uma de cada lado, acima das orelhas. Encontravam-se na nuca sempre escondida por golas altas de renda. Este, meu irmão mais velho... este, o do meio, este, o caçula. Este aqui nem sei quem é... acho que nem é da família.

É de manhã. O sol entra pelas frestas da veneziana e ilumina com doçura nosso quarto espaçoso e confortável. Três camas, guarda-roupa, daqueles imensos, tapete de barbante no chão de tábuas largas enceradas, penteadeira com toalhinhas bordadas, pó compacto, bibelôs de gatinhos, leite de rosas, perfuminhos de farmácia e cremes que suavizam rugas já instaladas, definitivas.

Deram-nos por empréstimo, com muita recomendação de cuidado com isso e aquilo, o quarto das três Marias — das Dores, dos Remédios e da Piedade —, tias-avós de Marisa. Há anos viúvas, dormem nesse quarto, quando de passagem pela cidade. Moram em São Gotardo. Com filhos passados da meia-idade, netos e até bisnetos, gostam de sassaricar em visitas a parentes que, a qualquer momento, podem passar desta para melhor.

Melhor visitá-los enquanto vivos e com alguma saúde, que é para depois não se ficar remoendo remorsos. Não querem cochichos durante velórios cada vez mais recorrentes. Não querem gente dizendo que o choro delas é fingido, que já nem ligavam mais para os que agora morrem.

Marisa conta que as tias-avós — já passam dos oitenta, mas ainda serelepes — programam rotineiras visitas e vão anunciando a chegada com bastante antecedência. Querem tudo que é delas limpíssimo e com aprumo. Roupas de cama são trocadas, colchas de crochê saem das gavetas. Santinhos de barro pintados à mão, crucifixo de madeira que chegara ali da Terra Santa, presente de gente já desencarnada, água benta, guardados em algum canto escuro: tudo volta para as mesinhas de cabeceira. Travesseiros de lavanda e alfazema são postos ao sol para lhes ressuscitar o perfume.

Sem herança nenhuma que possam deixar, as tias esmeram-se em lembrancinhas para os de casa. Feitas sem luxo, mas de coração. Geleias de frutas do quintal, tapetinhos de retalhos coloridos, balas de doce de leite e de coco embrulhadas em palha de milho, biscoitinhos que se desmancham e grudam no céu da boca. De quando em vez, aparecem com alguma pequena joia cheia de histórias para as sobrinhas-netas. Antes perguntam se a felizarda dará o valor que o presente merece:

— Quero ver você usando, viu? Não vá me fazer desfeita e esquecer em algum fundo de caixa ou de gaveta. Joia que fica só guardada costuma desaparecer. Se não usar, avise que o presente muda de endereço.

Das Dores diz, a quem lhe dá ouvidos, que sua viagem definitiva, a pro Céu, não demora. Ela se vê cercada de anjos trompetistas. Gosta de alarde. Quer largar este mundo com algum parente dos mais velhos ou amigos ainda vivos e capazes de subir ao altar, durante a missa de corpo presente, dizendo o quanto fora temente a Deus, adoradora do Sacrário e generosa com os desvalidos. Quer algum agradecimento registrado em alto e bom som, mesmo da boca pra fora, que sejam derramadas lágrimas, mesmo que de crocodilo, sobre seu caixão. Dos Remédios retruca sempre que flores ela só quer em vida. Da Piedade, aos suspiros, pede que as duas parem de conversa-fiada e a deixem em paz no desfio do terço de todos os dias.

Velórios à cachaça e café

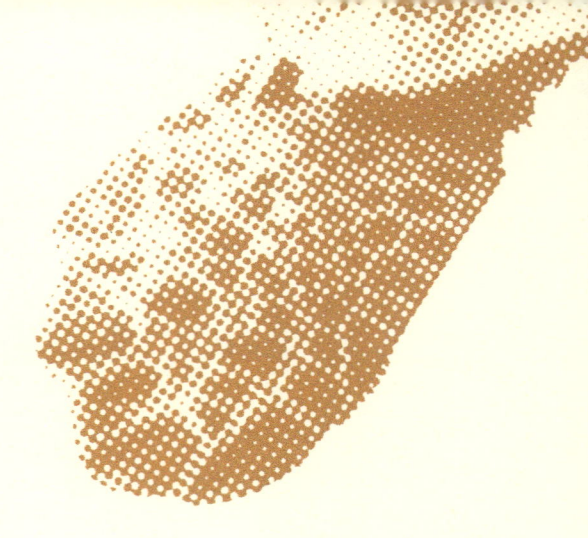

DAS DORES, DOS REMÉDIOS E DA PIEDADE TÊM SAUDADES DE como se morria antigamente. De como se chegava à última morada deste Vale de Lágrimas. Nada de hospital: o último suspiro era dado no quarto da vida inteira, ou quase, cercado de parentes, enquanto o padre se apressava com os óleos da extrema-unção.

Velórios regados à cachaça das boas em honra ao morto e a seus santos de devoção. Pai Jacó e Pai João, pretos velhos desencarnados há mais de século também não ficariam de garganta seca — que almas, mesmo as iluminadas, não se fazem de rogadas diante de gorós especiais e de graça.

O defunto era velado a noite inteira, na sala da própria casa, com muito choro, velas e flores arrancadas de jardins e quintais. Floricultura a cidade não tinha. A vizinhança providenciava o de comer para todos, porque os de casa estavam sempre muito abalados para a tomada de qualquer providência. E havia também quem ajeitasse para os de fora, depressinha, recolhendo peças aqui e ali, trajes para a ocasião. Vieram praticamente só com os documentos e a roupa do corpo, em desabalada carreira, logo que souberam de tão irreparável perda.

Na falta de vestimentas escuras para todos, fitas pretas eram amarradas em mangas de camisa ou alinhavadas em lapelas de paletó. Ou nos braços, se de mangas curtas os vestidos. Sem mangas, ombros cavados, ou só de alcinhas davam o que falar. Em tais ocasiões, melhor não. Com esse sinal de luto, parentes iam à escola ou ao trabalho nos dias seguintes até que se completasse ao menos um mês.

Os mais velhos nem chegavam a tirar o luto, porque sempre lhes estavam a morrer alguém próximo e querido. Muitos netos só conheciam as avós com esses vestidos que contam histórias tristes. No máximo um acinzentado ou marronzinho, e olhe lá! Também eram aceitos detalhes, em fundo escuro, de flores miúdas e pálidas, na gola e nos punhos de blusas. Alguma cor mais luminosa só nos aventais, porque não havia precisão de fazer novos para a labuta da casa.

Para quem a vida acabou com a morte do marido ou do filho, luto fechado completo, dos sapatos e meias finas aos lenços. Sequer uma passada de batom clarinho para as missas de domingo. Nem mesmo cortes e arrumação de cabelos. Carnaval era coisa de se esquecer. Viúvas recentes que mostrassem vaidades ou alegrias, mesmo pequenas, caíam logo na boca do povo: "Nem esperou o morto esfriar no caixão e está aí toda sirigaita, batendo pernas pela cidade. Coitados dos filhos! Logo, logo a ingrata coloca qualquer vagabundo para dentro de casa. Se é que já não estava pulando a cerca com alguém".

Para os viúvos, toda a compreensão. Havia os que já se salientavam, no velório, em direção às moçoilas novinhas ou passadas do ponto, desde que bem-feitas de corpo e de feiura que não assuste filhos, amigos e parentes. Beleza não se põe à mesa. Muito menos lava, passa e cozinha. Afinal, não dá para se escolher muito quem, na urgência, precisa de alguém para esquentar-lhe a cama e ajudar na lida com meninos pequenos. Homem não é de viver sem mulher, nem sabe. Melhor nem tão bonita, mas de respeito, do que essazinhas cheias de formosuras, mas que maltratam a criançada.

O velório encerrava-se com café da manhã para todos. Crianças mais velhas dormiram na casa dos vizinhos. Os bem pequenos, grudados à barra da saia das mamães, tias e avós, e até amontoados, feito gatos, embaixo do caixão.

O finado era levado à igreja, em procissão, para a bênção do padre e mais rezas. Os adultos mais fortes eram escalados para carregar o peso morto. Em seguida, a última caminhada até o cemitério, que o coveiro está esperando faz tempo. Enterrou hoje uns três e está cansado.

Se alguém de prestígio, o cortejo desfilava pela cidade, puxado pela fanfarra do colégio, na tristeza sem fim da marcha fúnebre. Vô Dante nunca teve dinheiro, mas tinha bom coração e palavras amigas para todo mundo. No seu bar e sorveteria, não admitia confusão. Quem quisesse falar de política aos gritos e provocar inimizades que não passasse da calçada. Quando morreu, teve enterro de gente abastada, de poder, com fanfarra e tudo.

O som surdo, reverente, dos tambores entrava até pelas janelas fechadas de quem resolveu não colocar o nariz pra fora. Correm logo a acender velas. Não querem que almas, penadas ou não, vejam, na ausência, falta de consideração.

Logo atrás dos que carregam o caixão, pencas de udenistas, peessedistas, anarquistas, comunistas, fascistas. Todos se cumprimentam com a seriedade e as condolências que o momento exige. Esquecem, de repente, desfeitas, discussões e tapas na cara dos últimos verões. No dia seguinte, certamente, mudariam de calçada, logo que se vissem de longe.

Festa desperdiçada

NÃO FAZ TANTO TEMPO ASSIM. MOCINHAS OU MENOS MOÇAS e até velhas, as que morriam nunca casadas, eram enterradas em caixões brancos cobertos de lírios translúcidos. De dentro deles, despontavam frágeis hastes que acabavam em pontinhos amarelos, ainda não sugados por abelhas e beija-flores. Os lírios baixavam com o caixão à sepultura. Não murchariam ao sol nem serviriam de pasto para insetos de rapina. Na escuridão, tudo é permitido.

Ana Laura, de Ouro Fino, foi enterrada com o vestido de noiva. As mangas, bordadas em flores miúdas brancas, terminavam em botõezinhos forrados de cetim. Morreu do coração, já com a festa pronta, a nova casa mobiliada e o baú do rico enxoval, num canto do quarto, coberto por colcha crochetada em linha finíssima, dessas de carretel, pela bisavó que, se não mais ouvia e mal andava, orgulhava-se de enxergar muito bem de longe ou perto.

Passaram-se anos e ninguém se esquecia da tristeza da festa de casamento não consumada. Chorava-se menos a morte da mocinha e mais o desperdício do grande bolo confeitado e aquele tanto de olhos de sogra, beijinhos, cajuzinhos, brigadeiros, tudo destinado às crianças do orfanato.

Deus-nos-livre de famílias e convidados que comem delícias de festa não acontecida. Coisa que não traz sorte de jeito nenhum.

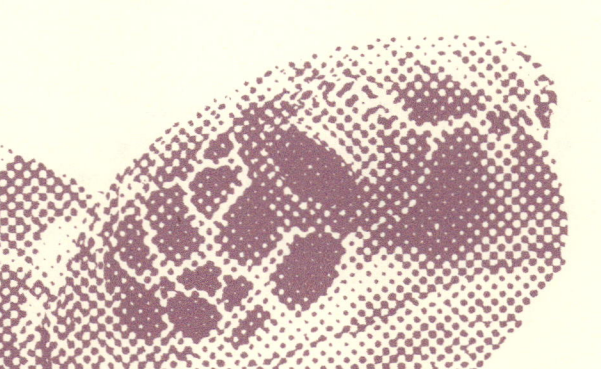

29

Atrasos de vida, na certa. Vieram para fazer os docinhos, assim tão iguaizinhos e paramentados, senhoras de Guaxupé, e até uma de Santa Fé. Pura ostentação! Doceiras da cidade, claro, dariam conta do recado. Os línguas de trapo sempre comparecem, certos ou errados, na alegria ou na tristeza, para botar reparo nos acontecimentos.

Não havia quem não se lembrasse do noivo, aos prantos, ao lado do caixão da amada, com o terno encomendado a um alfaiate italiano, dos mais prestimosos e caros, de São Paulo. No que também foi bastante criticado. Nunca mais namorada arranjou na cidade ou fora, trazia a marca do azar inscrita na testa. Comprou um Buick azul-acinzentado, bancos estofados em couro vermelho, do legítimo, muito macio, e cuidou dele até que Nossa Senhora da Boa Morte, a piedosa, o guiasse à donzela que lhe fora roubada havia décadas.

Papai
do céu
chamou

NINA, CRIANÇA, BRINCAVA DESCALÇA PELAS RUAS DE COROMAN-del. Ficou noites sem dormir quando Chacrinha morreu. Achava que só gente triste morria. Ele, com aquela pança toda e aqueles cha-péus malucos, na TV dos domingos, era sempre tão, tão alegre! Não morreria nunca.

A mãe:

— Filhinha, foi o Papai do Céu que chamou o Chacrinha pra morar lá nas nuvens.

O dia fica escuro. Logo começa a chover. Nina diz:

— Melhor morar na televisão e nem poder brincar na rua do que num céu molhado.

Alessandro, que nasceu no Recife e só chegou a Brasília já casado e com filho, ficou impressionado, quando criança, com a morte do Elvis. Não entendia por que se falava o tempo todo disso, dias seguidos.

— Não entrava na minha cabeça aquela confusão toda por um artista que morreu, lá em outro país, sei lá onde.

Tati suspira. Olha pro teto e se lembra de como ficou triste com a morte do avô. Era tão pequenina e mimada. Do tamanho de um botão. Trazia papai no bolso, vovô no coração.

— Gostava tanto de dormir no colo dele depois da janta!

Luci lembra-se da morte do pai, em São Luís do Maranhão.

— Mas você não era mais criança quando ele morreu — Tati retruca.

— Não íamos a enterros, nem a velórios, escondiam os mortos da gente. O primeiro morto de verdade que eu vi foi meu pai. As crianças eram mandadas para a casa de algum conhecido bem longe. Só vol-tavam depois que as coisas serenassem. Eu já morava em Brasília e estava na universidade — explica Luci, entre muxoxos.

Quando o pai morreu, Elzinha nem tinha sete anos. Tiraram as crianças de casa para longe da choradeira, das velas acesas e das flores que chegavam para enfeitar o caixão do defunto. Falaram pra ela e pra irmãzinha de quatro anos que o pai viajara.

As meninas passaram dias sentadinhas na calçada em frente ao portão da casa, à espera do pai que nunca apontava na esquina depois que o trem passava. Chegava o marido da vizinha. Chegava a tia lá de Aguaí. Chegava o mascate fazendo alvoroço na rua. Só o pai não chegava. Viam a mãe chorando pelos cantos, à beira do tanque, à beira do fogão. Nunca perguntam nada do chororô. A mãe tá com saudade, só pode! Não gosta de ficar sem o marido por perto. Tanta coisa pra fazer! Não quer de jeito nenhum aporrinhação de criança.

Semanas depois, irmão gêmeo do pai veio de longe, do não sei onde, São Paulo ou Buenos Aires, visitar a viúva. Ninguém avisou as meninas. Nem sabiam que esse tio existia. Elzinha entrou gritando pela casa; puxou a mãe pela barra da saia.

— *Babbo* voltou! Venha ver, venha ver, ele tá no portão!

De tanto amor

GIUSEPPE NEM TÃO GORDO ERA. MAS ESTAVA SEMPRE ACIMA DO peso. Apesar de ter chegado ao Brasil já adulto, logo aprendeu a gostar de comida mineira. Um dos pratos de que mais gostava era tutu de feijão, que lá no Sul de Minas chamamos de virado. E tinha de ser daqueles mais molinhos com torresmos de muita carne, misturados ao feijão e enfeitando o prato.

Toda a comida, naqueles tempos, tinha banha de porco caseira que se fazia derretendo-se toucinhos, muitos com mais de um palmo de altura. O couro ia direto para a panela de feijão. A comida era lustrosa de tanta gordura, porque assim que era bom. Tudo tinha gosto de torresmo. A batata frita, crocante por dentro e macia por fora.

Giuseppe morreu aos quarenta e dois anos. Venerina ficou viúva aos trinta e cinco, com nove filhos. A mais velha, Teresa, já casada, tinha dezessete anos e o mais novo, Zezinho, seis meses. Dizem que morreu de repente. Mas não tão de repente assim.

O médico já o havia alertado para algum tipo de restrição alimentar que lhe tirasse alguns quilos extras e o deixasse menos ofegante. Não era o torresmo que lhe fazia mal, mas o tanto de torresmo que comia. Venerina achava que amar era fazer a comida que o marido mais gostava, e sempre muita. Giuseppe morreu de tanto que era amado, ou na hora certa, a que lhe chegou por destino porque ninguém morre de véspera, dizem.

Pão
de casa

ÂNGELO CONTA QUE, QUANDO CRIANÇA, QUEM FAZIA O PÃO DE casa era o pai Giuseppe, numa amassadeira de madeira, com duas abas laterais, obra do concunhado marceneiro, Benedito Berardinelli, marido de Esterina, irmã gêmea da sua mulher Venerina.

Tinha doze anos quando Giuseppe morreu, naquela madrugada de tempestade. Era outubro de 1935. Já perto dos noventa anos, Ângelo guarda muitas boas recordações desse italiano de Civita, Calábria, que chegou, em Ouro Fino, homem feito, para encantar Venerina, com sua tez morena e olhos verdes faiscantes.

A massa pronta era coberta e colocada ao sol ou perto do calor do fogão para crescer rapidamente. Era, então, separada em várias bolotas, cortadas na superfície em forma de cruz e submetidas a uma nova espera pelo crescimento. O corte era para que se abrissem um pouco e assassem de modo mais uniforme.

Os pães de Giuseppe cheiravam longe. Mal chegavam ao forno, já se podia ouvir dos vizinhos comentários elogiosos, em voz bem alta e pidoncha. Os mais chegados eram até presenteados com alguns deles. Faziam-se várias fornadas de pães para que durassem a semana inteira.

Na década de 1930, muitas famílias italianas faziam pão em casa para a venda e o consumo próprio. Os pães, acomodados em grandes cestas, eram vendidos em cantorias pelas ruas, ainda quentinhos. Mas a cidade já contava com padarias, também de italianos. Os portugueses padeiros chegaram depois.

Uma das padarias de italianos ficava na Avenida Delfim Moreira. Era de um tio de Venerina, o João Ceccom. Na verdade, era um misto de padaria e mercearia, que existiu no mesmo lugar até meus tempos de criança. Era ali que o pessoal da roça fazia compras de coisas básicas, inclusive de querosene para lampiões e lamparinas.

Aos sábados, depois de venderem a produção no mercado municipal, os roceiros amarravam seus cavalos selados ou puxadores de charretes, em frente ao comércio, para as compras da semana e se regalarem de boas doses de pinga também servida às mulheres. Por conta da maldita, muitas idas à cidade terminavam em brigas entre eles e até em mortes, porque qualquer desfeita era tomada por grande insulto à própria honra ou à da família.

Na padaria dos Ceccons, vendia-se pão sovado, pão de bico e bolachão feito de farinha de trigo e rapadura. O pão de bico é feito de dois rolos de massa superpostas de forma cruzada. Assim, ao invés de duas, terá quatro pontas. Na década de 1950, em São Paulo, na Vila Prudente, um desses pães era suficiente para nossa pequena família. À tardinha, era comprado no comércio da Dona Rosália, a espanhola sem filhos, que conversava o dia inteiro com o papagaio de estimação. Café fraquinho ou mais forte com leite, cada uma de nós tinha o seu bico de pão quentinho com margarina derretendo. O quarto bico era guardado pro meu pai, que só chegava à noitinha.

Pijama
de madeira

AQUI EM BRASÍLIA, JÁ NESTE SÉCULO, PAUL MORREU DE REPEN-
te. Do coração. Era libanês católico e só falava em francês com a
família. Marie, a mulher, já tocava, dias depois, o restaurante com
ajuda do pai.

Tudo nos conformes: o carneiro assado e destrinchado num
grande tacho exposto à sanha da faminta clientela. O tabule fresco
e colorido de sempre. Quibes, esfihas assadas e fritas, charutinhos
e outros acepipes. Garçons dançam entre as mesas a fazer malaba-
rismos com copos e bebidas. O pão assado, ali mesmo, à vista de
todos, perfuma o ambiente. Tamanha normalidade assusta parte da
freguesia incrédula.

— O Paul morreu? Onde? Quando?

— Aqui mesmo no restaurante, faz dias. Passou mal e morreu.
De coração arrebentado. Morte fulminante.

— Se faz tão pouco tempo, por que marcamos de almoçar aqui
como se nada tivesse acontecido?

— Todos os dias gente morre, gente nasce, assim é. Olha a mulher dele ali trabalhando, tem que ganhar a vida, sustentar a família.

— Quem é ela?

— Aquela toda de preto, de luto.

— Poxa, morreu, é?

— Sim, morreu, Alessandro! E foi de morte morrida...

— Não foi de morte matada.

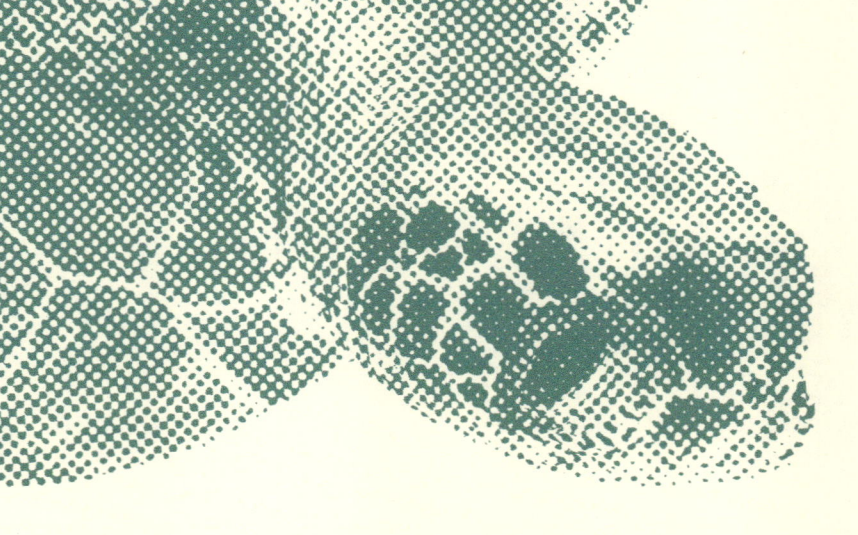

— Abotoou o paletó.

— Vestiu o pijama de madeira.

— Dorme, agora, de pés juntos.

— Cantou para subir.

— Está a sete palmos da terra.

— Foi morar com Jesus.

— Foi pro Céu.

— Papai do Céu levou.

— Deus levou.

— Pegou o elevador para o último andar.

— Passou desta para melhor.

— Bateu as botas.

— Parou de sofrer.

— Descansou...

— Descansou pra quem morreu? No Maranhão é pra mulher parida.

— No Recife também, acho que em todo o Nordeste.

— Lá em Minas, parir é dar à luz, ganhar neném. Receber a visita da cegonha. Ficar grávida é esperar neném.

— Ixe, que povo poético. Pois, no Maranhão, mulher grávida é mulher buchuda, prenha.

— Credo, que jeito de falar!

— Credo nada, é assim lá e pronto.

Meninas
caipiras

NOS PRIMEIROS ANOS DE BRASÍLIA, FORAM MUITAS AS DIFICUL-
dades de comunicação para quem chegou do interior de Minas, vinda do norte do Paraná, direto para o Ginásio do Setor Leste, na L2
Sul. Antro de cariocas descolados demais para caipirinhas que nem
eu. Ainda usava vestido rosa-claro, de mangas bufantes e faixa na
cintura com laço amarrado atrás, par de jarro com minha irmã Vera.

Eu havia caído de paraquedas, sem escafandro de proteção,
num mundo seco, ventoso e poeirento, de pessoas que arrasavam
nos erres e esses, sem qualquer compaixão pelos diferentes.

— Clara, vem aqui, diz outra vez, diz!

— Quer que eu diga o quê?

— Porta!

— Poirrrrta, por..ita, poita.

Gargalhadas gerais. Amuada, conto os minutos para o
pesadelo acabar.

Era 1964 e morávamos num apartamento da 413 Sul, empres-
tado pela tia Lourdes, irmã do meu pai, até que tivéssemos nosso
próprio canto. Tínhamos uma vizinha jovem e grávida do primeiro
filho. E minha mãe, ainda naquele estilo interiorano de se preocupar
com os outros, pediu-me que lhe batesse à porta e perguntasse se
precisava de alguma coisa.

Bati. Quem abriu foi a empregada de primeira viagem, chegada dias antes do Piauí.

— Minha mãe quer saber se Dona Mundinha está bem e se precisa de alguma coisa.

— Precisa não. Ela descansou.

Coração disparado, de um salto já estava em casa.

— Mãe, a empregada disse que a vizinha descansou...

— Não é possível, tava tudo tão bem, que coisa horrível, o marido tava lá? Meu Deus do Céu! Volte e pergunte quando será o enterro.

Bato de novo à porta da vizinha.

— Minha mãe mandou perguntar quando será o enterro.

— Enterro de quem?

— Da Dona Mundinha.

— Dona Mundinha chega amanhã do hospital com a criança. Menina, tá doida da cabeça?

O melhor lugar do mundo

MARIA AMÉLIA HONÓRIO DA SILVA, DONA QUINHA, MORREU EM 1970, durante a Copa do Mundo, quando pela primeira vez a Taça Jules Rimet foi nossa. Desde outubro de 1969, o presidente do Brasil era o general Emílio Garrastazu Médici, o terceiro do regime militar advindo do Golpe de 1964.

Meu pai já estava, então, mais conformado com a falta de um rumo civil para o país. Tinha certeza de que os tais anos de chumbo, como seriam chamados no futuro, custariam a passar. Melhor levar a vida do jeito possível e se proteger dos perigos a cada esquina.

Avisado da morte da mãe de uma queda no banheiro — já quase cega, por teimosia, arriscava-se sempre a zanzar pela casa —, não foi trabalhar. Logo depois do almoço, seguimos, toda a família, de ônibus, de Taguatinga Norte, onde morávamos, para o velório, no Campo da Esperança, Plano Piloto, final da W3 Sul.

Mortos em cidades grandes não eram mais velados em casa. Também não passavam a noite sozinhos, em geladeiras ou mesas de necrotérios. Os velórios começavam assim que o corpo estivesse pronto, caixão comprado, capela reservada. Hoje, velório tem hora pra começar, de preferência depois das dez da manhã, que os vivos precisam dormir, trabalhar no mesmo dia. Luto, cara inchada de chorar, coisas do passado.

Presentes ao velório, entre a parentada: um médico anestesista e outro funcionário da Novacap. Haviam, recentemente, sido presos, torturados e soltos, graças a Deus, logo depois. Gilberto, o médico, de uma família respeitável de Ouro Fino, era membro registrado do Partido Comunista. Homem forte, um pouco calvo, de boa presença. Foi logo solto porque militância mesmo nem tinha. Também se disse que alguns políticos influentes mineiros apelaram a militares conhecidos para saber de seu paradeiro e libertá-lo, desde que ficasse de bico fechado sobre o que sofreu e viu enquanto preso.

O outro amigo, funcionário público, cearense, chamava-se Cantídio. Era bem franzino e andava de paletó e gravata mesmo aos sábados e domingos. O coitado, de política até que gostava, mas foi preso mesmo por vingança da mulher ciumenta desvairada, louca varrida, que o denunciou como subversivo. Para dar suporte à denúncia, levou à delegacia alguns livros de sua estante, entre eles, *O Capital*, de Karl Marx, e *A Divina comédia*, de Dante Alighieri, repleto de ilustrações macabras.

— Ah! este livro fala de paraíso, purgatório e inferno. Páginas e páginas de corpos nus retorcidos. O gigante, aqui, devora esta pequena mulher desesperada. Deve ser a Bíblia do Anticristo. Você é daqueles comunistas que, além de ateu, zomba da religião — disseram-lhe.

A denúncia havia sido feita à Polícia Civil. Mas logo estava nas mãos de inquisidores militares. Quando, enfim, conseguiu se livrar dos interrogatórios e ganhar o caminho da rua, não pôde voltar pra casa. A mulher havia conseguido ordem de restrição baseada nos riscos ideológicos que poderia oferecer aos filhos.

Alugara, então, um quartinho mínimo, numa das casas térreas da W3 Sul. Se livrara da polícia, dos interrogatórios, mas não da cachorrada que emporcalhava o quintal da proprietária. Todo o dia era uma luta pra chegar até a porta do quarto. Se demorasse a abri-la, lá vinham arranhões daqueles bem fundos. Ainda bem que tinha mercúrio cromo e bastante algodão no armarinho encardido do banheiro.

Quando se apresentou ao trabalho, viu que perdera o cargo que lhe dava uma pequena gratificação mensal. Depois de uma via-sacra por todos os departamentos, conseguiu, enfim, ser designado para o de Prestação de Contas. Mesmo assim, passou quase um ano isolado numa escrivaninha no fundo da sala, sem que lhe atribuíssem qualquer tarefa. Passava os dias rabiscando em cima de formulários já em desuso, porque sequer um jornal ou livro tinha coragem de abrir. Atravessar a sala em busca de um cafezinho rançoso de garrafa térmica era-lhe exposição dolorosa.

Depois que fora preso, sempre lhe reservavam surpresas malignas no contracheque. Descontos indevidos obrigavam-no a pedidos de favores aos sempre dispostos a humilhá-lo. Durante o expediente, nem se atrevia a levantar os olhos em sinal de súplica para a chefia. Reclamação não faria de jeito nenhum. Estava até que bem. A primeira fase do limbo laboral passou sentado num caixote esquecido na garagem da Repartição.

Dário sempre dava um jeito de escapulir, nas manhãs de folga, até algum boteco da W3 Sul para encontrá-los, um de cada vez, é claro! Naqueles tempos de Brasília sem quase trânsito, ia e se vinha de Taguatinga ao Plano Piloto, em bem pouco tempo.

Voltando ao velório. Parte da parentada e aderentes haviam saído à francesa, antes que madrugasse. Só retornariam na hora do enterro, no final da manhã. Meus pais ficaram e também minha irmã Vera, ainda criançona grudada em qualquer barra de saia.

Os ficantes passariam a madrugada no café, no cigarro e no proseio. Com tantas baforadas, nuvens de fumaça dançavam sobre o caixão da morta e lentamente se desmanchavam em direção às portas da capela.

O primo Flávio resolve, então, dar uma chegada ao velório. Encontrou a atmosfera carregada pelo cheiro de flores, velas acesas e cigarros. Identificou minha mãe sentada na penumbra. Vera dormia com a cabeça em seu colo e parte das pernas no banco de cimento. Com pena disse:

— Vera, quer dar uma voltinha lá fora? Respirar ar puro, aqui dentro tá tão carregado!

Resposta bocejante:

— Não, não. Quero ficar aqui mesmo. Tá tão bom aqui, tá tão gostoso!

42

Rosários de acontecimentos

DONA QUINHA GOSTAVA DE CONVERSAR SOBRE QUALQUER ASsunto. Mas nos últimos anos de vida, apesar de bem informada, nem se lixava mais se era civil ou militar o presidente da hora. Não dava atenção a assuntos do tempo presente. Quando tinha companhia, só queria mesmo o passado para desfiar rosários de acontecimentos, quase sempre os mais tristes.

A tragédia da sobrinha Nonô, pianista das talentosas que fazia, nas sessões de cinema, as trilhas sonoras dos filmes ainda mudos. Áurea, a mãe, não quis o casamento da filha com um negro, também músico e dos bons, clarinetista. Os apaixonados fugiram da tirania materna para serem infelizes por pouco tempo. Logo Nonô morreu. Era diabética e, casada, passou privações que aceleraram seu fim precoce. "Que triste morrer assim tão jovem! Um desperdício ter se esforçado tanto para formar-se maestrina, em Campinas", lamentariam os irmãos pela vida afora, sempre às escondidas da mãe.

— Não a perdoo nem depois de morta — teria dito Áurea ao receber a notícia e nunca mais tocou no nome da filha.

A família Honório da Silva sempre soube guardar rancores e ressentimentos. Não havia passar do tempo que os esmaecesse.

— Dário, não tem quem me tire isso da cabeça. O Doutor Rodrigues foi assassinado. Não tem sentido o carro ter sido encontrado em um dos precipícios da estrada de terra, cheia de curvas, de Ouro Fino a Pouso Alegre.

O filho de poucos anos, que acompanhava o pai a uma das fazendas das redondezas, fora encontrado sentado embaixo de uma árvore, livre do sol, em local bem visível aos passantes, sem sequer um arranhão. Ficou claro como o dia que fora posto a salvo antes de o carro ser empurrado ladeira abaixo. Naqueles tempos, políticos tinham jagunços pra qualquer serviço, e, se alguém atrapalhasse seus planos, o destino era morte encomendada e certa.

Muita gente morreu de emboscada, a tiros e facadas, por desafiar quem mandava na região até a década de 1950. Corpos encontrados, sepultamentos feitos sem qualquer alarde. Os da família não queriam igual destino. Se revoltar pra quê, se o mundo será sempre deles, dos filhos ou dos netos deles?

Dona Quinha, que nascera apenas quatro anos depois da Libertação dos Escravos, lembrava-se sempre das agruras impostas à família pela viuvez da mãe Mariana, ainda com alguns dos filhos bem pequenos. O pai foi tropeiro de profissão. Com companheiros da labuta de sempre, tocava a boiada, caminhante e obediente, por estradas mal traçadas ou caminhos beirando as estradas de ferro de Minas e São Paulo. A sela de seu cavalo era das mais bonitas e seu berrante enfeitado fazia figura.

Chegou a Ouro Fino com a família, já órfã de pai. Vieram de Muzambinho, daquelas mesmas bandas que têm Campinas e São Paulo pela frente e Belo Horizonte pelas costas. Mas nasceu em Cachoeiras de Minas, que já se chamou São João Batista das Cachoeiras, um pouco adiante, mas nem tanto. Fica mais pro Sudeste. Cachoeiras de Minas faz limite com Pouso Alegre, cidade referência também pra se achar Ouro Fino no mapa.

O município é um dos maiores produtores de polvilho azedo do país, matéria-prima do pão de queijo e de outros tantos de biscoitos deliciosos. Muitas mulheres continuam na tradição do sabão de cinzas, e do crochê. Artesãos de móveis e artefatos de cana-da-índia têm trabalho reconhecido ali e mais longe.

Nos últimos anos de vida, Maria Amélia sofria com a seca de Brasília. Tinha falta de ar constante e só parou de pitar cigarro de palha quando já lhe era impossível tragar a fumaça e respirar sem sequências compridas de tosse que lhe deixavam arfando e com dores crônicas no peito e nas costas. Vivia sentada no beiral da cama num dos quartos da casa da filha, prestando atenção em tudo que dentro e fora se passava. Até das conversas dos vizinhos dava conta. Se já não enxergava bem, os ouvidos continuavam tinindo de bons. Em tudo botava reparo. Vigiava o que a empregada fazia na cozinha e quantas vezes tinha ligado pro namorado do telefone instalado na sala. Se a converseira passava de alguns minutos, dizia bem alto:

— Já sei quem este mês vai ter salário descontado quando chegar a conta!

Não só nossa porção italiana, mas também nossa porção portuguesa, mestiça, cabocla, representada por Maria Amélia Honório da Silva tem como fado, destino, a vida itinerante, a busca da terra prometida. Se o dramalhão italiano está incorporado ao nosso dia a dia, também herdamos dos nossos antepassados nativos a melancolia, o fatalismo, a sensação de que não adianta ir contra a corrente.

O irmão mais velho, Nenê Honório, casou-se com mais de quarenta anos. Primeiro, quis ver a família encaminhada na vida e, principalmente, as irmãs já fora da casa materna com os respectivos maridos. Foi de Nenê o primeiro caminhão Ford Bigode da cidade. Como as peças de reparo precisavam ser encomendadas em Campinas ou São Paulo, e chegavam com grande demora, começou a moldá-las no próprio quintal da casa em que morava com a mãe, Mariana. E, assim, prestava assistência técnica, ainda não profissionalizada e disseminada pelo interior do país, a muita gente. Serviço não lhe faltava.

Maria Amélia não só acompanhou os pais e depois a mãe e irmãos pelas Gerais, mas também a família dos filhos por várias cidades de outros estados, na esperança da vida melhor sempre postergada. Tinha mais de sessenta anos quando "empurrou", com a ajuda de meu pai, o marido Dante à derradeira experiência comercial mal-sucedida, um açougue, em Arapongas, Paraná. Não se conformava com a vida de aperturas em Ouro Fino. Apesar de viverem numa bela e bem localizada casa, ao lado do Fórum — de construção imponente em linhas neoclássicas — e da Escola Normal de tantas histórias, dinheiro que é bom não tinham.

Depois da morte do marido, em 1964, entregou a casa a um dos filhos e deu adeus ao Sul de Minas para sempre. Foi morar com a filha Lourdes em Brasília, na Metropolitana, acampamento pioneiro, perto do Núcleo Bandeirante. Bem construído conjunto de casas de madeira, que abrigava desde 1957 engenheiros e professores.

Ainda sobrevivem histórias de camaradagem desses tempos, quando o fornecimento de alimentos básicos era precário e transporte público nem havia. Mulheres e crianças andavam de carona sem problemas de segurança e assédio nos caminhões fenemês que iam e vinham dos vários pontos da capital em construção.

Nos seus últimos anos, Dona Quinha sempre conversava fazendo o balanço de seus acertos e erros na vida. Gostava de repetir:

— Minha ida com o Dante para Arapongas não foi outro fracasso. A única coisa que queríamos era tirar o Lolô da lerdeza de Ouro Fino. A gente sabia que se saíssemos de lá, ele tomaria coragem para melhorar de vida.

De fato, um dia, Lolô com a mulher grávida e os filhos chegam a Arapongas num caminhão de mudança. Só parada de descanso em direção a outra cidade ainda mais nova, Cianorte, perto de Maringá. Lá, com a ajuda da mulher professora, também chamada Lourdes, aprumou-se financeiramente e criou os filhos.

Era uma vez em Brasília

DANTE E MARIA AMÉLIA ESTIVERAM EM BRASÍLIA, PELA PRIMEI-ra vez, em 1962. Não para simplesmente passarem um tempo, mas também prospectar alguma oportunidade de se ganhar dinheiro, na terra onde se dizia que jorrava leite e mel. Isso, depois de três anos da última experiência comercial mal-sucedida, em Arapongas, Paraná. Já passados dos setenta anos, achavam não ter feito tudo o que podiam. E podiam ficar sossegados em Ouro Fino. Ela, no crochê. Ele alisando palha pro cigarro. Mas não aceitavam viver da ajuda dos filhos.

Dante Favilla tinha alma e porte nobres. Numa carta, dá informações relevantes: Brasília, a da Praça dos Três Poderes e da Esplanada dos Ministérios, a das asas de avião, não era bem onde a filha Lourdes morava. Ficava longe: quase vinte quilômetros. De carro ou de ônibus, andar tal distância no Sul de Minas, é passar por várias cidades, bairros rurais e vilarejos. A filha pioneira só poderia estar ganhando muito bem porque pagava uma fortuna à empregada.

Lourdes foi diretora de uma das primeiras escolas primárias da nova capital, bem ao lado da casa dela.

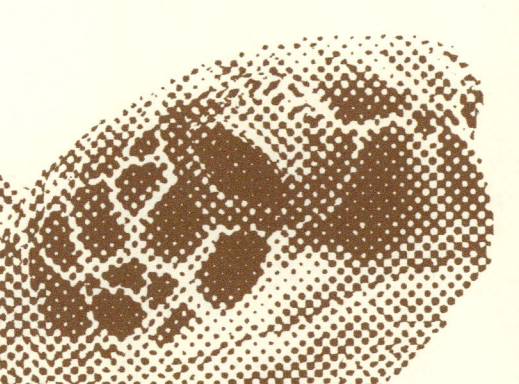

Dante mostra-se também preocupado com a saúde da sogra do filho, Dona Nena. A carta é para o mais velho, Amélio, mas ele reúne todos os filhos no texto. Além de dar informações sobre a vida com a tia Lourdes — ficavam muito sozinhos, o pessoal da casa trabalha muito —, reclama que Dário e Lolô, morando no Paraná, não davam notícias.

O texto enxuto extravasa sentimentos, inclusive um grande amor por Ouro Fino. Na verdade, nasceu em São Paulo, capital, no Brás, na última década do século XIX, quando esse bairro, hoje transformado em um grande centro comercial popular a céu aberto, era reduto de italianos. De lá se mudou já grandinho. O pai, Aníbal, encontrou no Sul de Minas, clima melhor para seus problemas de saúde.

Arremates perfeitos, língua ferina

CONTINUANDO LÁ DO COMEÇO, CAUSOU ESTRANHEZA AO POVAréu todo, muito fuxico aos pés de ouvidos de compadres e comadres, o noivo — que ficou viúvo antes de se casar — ter encomendado o terno da festa que não houve a um ateliê famoso de São Paulo. Não tinha precisão disso, coisa de rico nem tanto, mania de grandeza.

Alfaiates faziam figura por aquelas bandas do Sul de Minas que quase se encostam às paulistas. Não havia quem lhes apontassem defeitos no corte ou nos arremates. Só na língua ferina porque, se mãos ocupadas, boca sempre pronta pra comentar detalhes íntimos, de preferência os desabonadores, de quem lhes passasse à porta para o trabalho, igreja ou compras do dia.

— A mulher do Zé Farmacêutico passou aqui em frente, só hoje, duas vezes, em direção à casa paroquial. Numa delas, levava no prato de vidro colorido, daqueles de presente de casamento, coberto por toalhinha bordada e pontas desfiadas em macramê, bolo e biscoitos, ainda quentinhos, cheirando a manteiga e a erva-doce. Tudo pro café da tarde do padre. E olha que o padre tem quem lhe cuide muito bem. Não precisa da atenção dessas rezadeiras cheias de classe e saltos.

Para o trabalho diário, na casa paroquial eram sempre indicadas as mais feias, as enjeitadas da cidade, as pobres, as que ninguém quis pra casar. Nem com todos esses defeitos estavam livres das bocas malditas. De quando em vez, alguma desaparecia para a casa de parentes na roça ou na cidade grande. Só voltava com o filho moleque saído escrito, diziam, ao sacristão, porque sempre havia razão para se livrar a cara do padre.

Dona Rosinha volta da casa paroquial toda no requebro. A saia justinha tem atrás nesga no meio, pouco acima da barra, pra lhe facilitar o passo que, mesmo assim, é daqueles curtos, quase pulinhos a lhes acentuar a tremura das coxas bem fartas. Um mais atrevido assobia. Ela, sem perder a pose e o passo, responde:

— Moleque! Vou contar pra tua mãe. Ela vai te dar uma sova pra você aprender a respeitar mulher casada.

Coitado
do marido!

MATRONAS REZADEIRAS DA CIDADE VÃO À MISSA MUITO BEM compostas e recatadas, sapatos fechados, meias escuras, rosários entre as mãos. O véu de Dona Rosinha, negro, todo de renda, foi o tio e padrinho que lhe trouxe da viagem que fez à Espanha em mil e novecentos e bolinha. No final da década de 1950, para se pertencer ao antigamente bastava a passagem de bem poucos anos ou mesmo meses. Dependia sempre do valor do perdido.

Gente nova, apenas recém-casada, dizia antigamente pros tempos de solteirice. Mafalda perdeu joia de estimação da família no Natal e, na Páscoa, registrava-a como preciosidade que tinha antigamente. Sim, o anel de rubis, foi herança da bisavó portuguesa. Sim, a joia era antiga, mas o tempo passado com Mafalda foi bem pouco e recente.

O tempo de antigamente era apenas da bisavó, Táta, que atravessou o Atlântico de mala e cuia, e o anel não lhe saiu do dedo, nem os brincos que a mãe lhe dera antes de morrer de apendicite estourada. Agora, vejam só, a bisneta perdera o anel, em casa, e nem procurando à luz do dia com lanterna acesa conseguiu encontrar. Pode isso? Coisa do demo.

O tempo que Dona Rosinha levou na casa paroquial daria pra distribuir, por toda a redondeza, os quitutes que faz. Tem marido que é cego — resmunga Tião Alfaiate e logo presta atenção em outra passante.

— Aquela ali era tão bonitinha. Se desmanchou toda depois dos filhos em penca. Não tem bunda, barriga, peitos, nada mais no lugar.

Nunca comenta da própria barriga peluda, caindo sobre o cós apertado da calça puída nos joelhos de tanto trabalhar de pernas cruzadas.

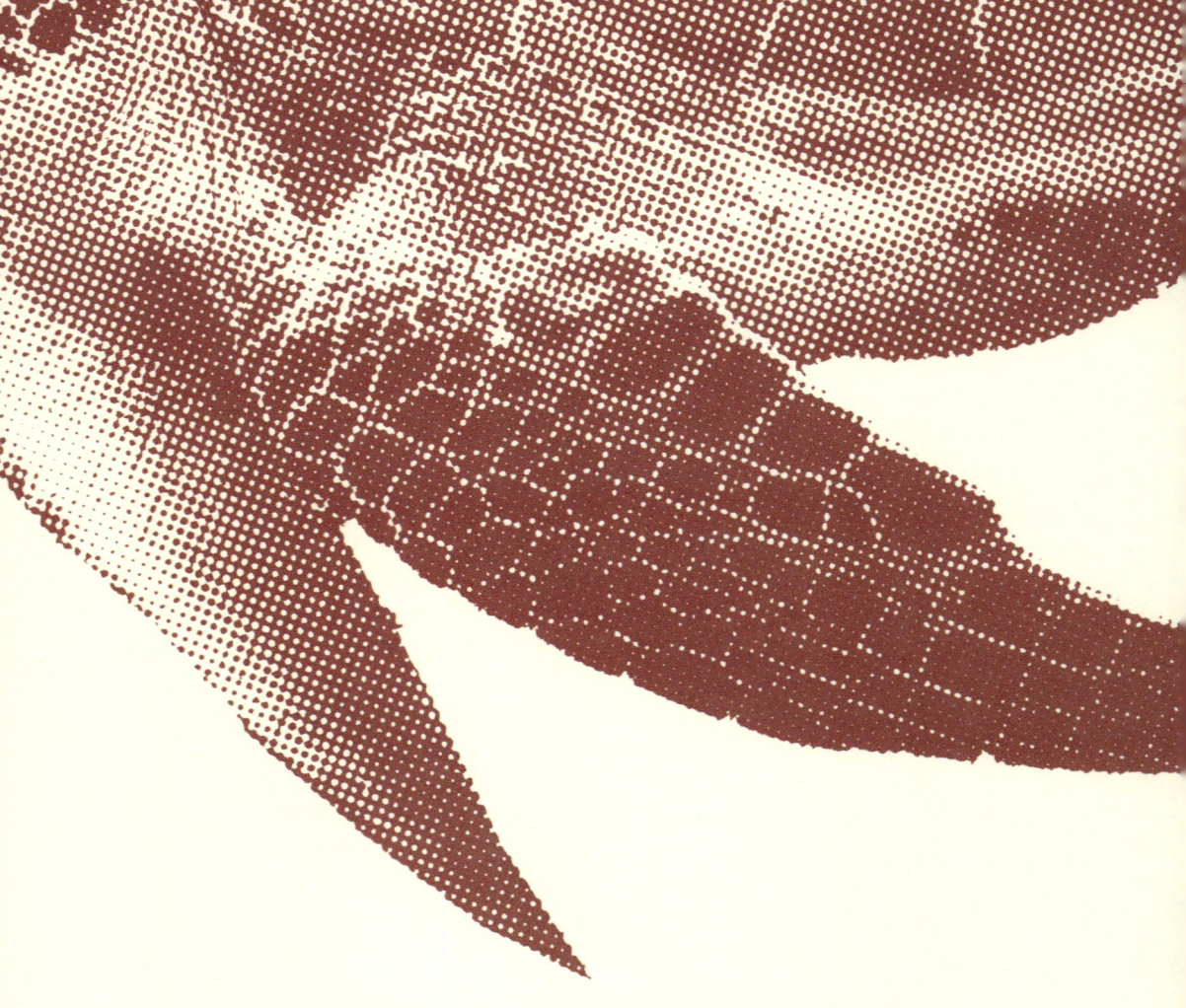

Sim, Ana Maria, a que passa pela calçada fingindo distração, cortou os cabelos curtinhos. Cabelos que faziam suspirar meninos, rapazes e senhores casados, nas noites de fim de semana na Rua Treze. Nem sombra é mais da mulher que foi. Curtinhos dão menos trabalho, é só lavar, secar ao vento e pronto. Não precisa nem de escovação, só pente. Mulher com filhos aposenta vaidades, faz o que pode para lhe facilitar a vida.

— Coitado do marido — diz Tião, como se alguma sereia o esperasse em casa. Alguém ousa retrucar, mas apenas aos próprios botões. — Coitado por quê? Tem homem que não suporta a beleza da mulher que tem e trata logo de enfeiá-la com filhos em escadinha e desgostos em série. No trabalho do tanque e do fogão.

É da vida!

ESCREVER SOBRE A VIAGEM, TÃO LONGE NO TEMPO, A BOM DES-
pacho, destampou-me, caro leitor, um sem-fim de lembranças. Abriu
minha caixa de Pandora. O fio da memória faz tudo acontecer ao
mesmo tempo. Tragédias, epifanias, digressões. Lembrar é aceitar
nosso caos interior. Rende-nos muita conversa-fiada, tentativas de
nos entender, de nos apaziguar com o passado que não passa.

O resultado dos esboços de encadeamento, a necessidade de
ordenar os fatos, é sempre surreal, é sonho. Acrescenta mais dúvidas do que explicam nosso presente. Entretanto, podemos ver
claramente que as desgraças, que nos tiraram do rumo do que
chamamos "vida feliz", já estavam à espreita. É um tatear no escuro. Sem esperança de luz suficiente que nos traga respostas aos
enigmas da vida.

Para fechar a primeira parte desta contação de histórias, volto
ao rapaz de Ouro Fino que enviuvou pra sempre, mesmo sem ter se
casado. Coitado! Viu os anos passarem assim meio cabisbaixo pras
alegrias da vida. De verdade, tinha só dois amigos. Um padeiro e o
outro, dentista. Podiam ser vistos juntos, quintas, sextas e sábados,
encostados numa das esquinas da Rua Treze, abstraídos do farfalhar de saias e do cadenciado dos saltos de sapatos bico fino nos
paralelepípedos. Parece que tinham muitos assuntos.

Começou, então, o falatório que não se acabou nem com a morte
deles, um a um, já bem velhinhos. Seriam eles um trio de amantes
assim rindo às claras na cara do povo? Sim, senhor! Sim, senhora!
Muito estranha tanta converseira e risadaiada, incompreensíveis
aos ouvidos alheios abelhudos.

O padeiro morreu solteiro. Dizia-se que, na cozinha da padaria, era um vaivém de meninos já grandinhos, nenhum de família conhecida. Sabe-se lá como esses meninos eram trazidos para o trabalho com direito a casa e comida. Sempre por mãos invisíveis e bem de madrugada. Nunca saíam às ruas, nem mesmo pra missa, e visitavam os pais só de mês em mês. Quando um desaparecia pra São Paulo, logo vinha outro, quase sempre irmão ou primo. Contam que o padeiro amassava os pães só de cueca, e o suor que lhe caía da testa pousava direto na farinha esparramada. "Cruz-credo, que nojo", dizia um. "Deve ser por isso que tudo de lá é tão gostoso", emendava outro.

O padeiro não era lá essas coisas de boniteza. Foi ficando cada vez mais gordo e de careca lustrosa. Tinha uma namorada, nunca vista com ele à luz do dia. "Hoje vi o Bem na Rua Treze, todo aprumado de camisa branca e calça azul-marinho. Passei várias vezes por ele e ganhei piscadinhas. Ontem, ele passou de caminhonete aqui na porta de casa e até buzinou, coisa que quase nunca faz." Era assim que namoravam. Havia quem jurasse que, bem poucas vezes, durante décadas, vezes de se contar nos dedos, a caminhonete parava na porta da casa da namorada noturna e a levava para umas voltinhas sabe-se Deus onde.

Histórias de Casanova só sobre o dentista. O consultório muito bem instalado ficava no jardim, separado do corpo principal da casa da família. Consta que não foram poucas as vezes que a mulher dele mostrou o olho da rua para senhoras e senhoritas que, passados meses e meses, até anos, nunca completavam o tratamento.

A vizinhança, de olho sempre comprido além do próprio quintal, apostava no dia e na hora em que os forrobodós explodiriam. Era, então, um corre-corre. E lá iam as descabeladas a derraparem nos saltos, roupas mal abotoadas, a esconder rostos com bolsas

ou sombrinhas. O que a vizinhança gostava mesmo era de ver o dentista levando da mulher uns tapas na cara. O sem-vergonha nem se abalava. Desvencilha-se da confusão com um risinho cínico, fechava o portão como se nada houvesse acontecido. Cumprimentava quem passava e ia alisar Lulu, que tremia num canto do jardim de tão assustado.

Horas depois, era a vez de o namorado ou marido chegar ao consultório para cobrar do dentista as devidas satisfações. O tiro esperado, a facada, dentes quebrados nunca aconteceram. O dentista era bom de lábia. Sabia acalmá-los. Tinha em casa uma mulher doente, cheia de alucinações. Ele, um sofredor, tendo que lidar com a situação. Um pobre-diabo que lutava para sustentar sozinho a casa, tão grande, tão bonita, e o luxo dos filhos.

Nunca se emendou. A mulher acabou se trancando no quarto de tanta tristeza. Coitada, tão cobiçadinha quando solteira, caixa das Casas Pernambucanas, unhas sempre bem-feitas, boca de flor que o batom acrescentava mais rosa, tinha até diploma da Escola de Comércio, coisa quase só de rapazes naqueles tempos. Aos poucos, deixou de se preocupar com o que o marido aprontava no consultório além de arrancação de dentes, obturações e próteses. Não atendia a porta da casa. Nem o telefone. Nem saía mais às compras. Fechou as cortinas da janela, deixou de ir à missa. Abandonou o terço e as novenas de maio e de outubro. Que procurassem do que falar em outras freguesias.

Amor demais da conta

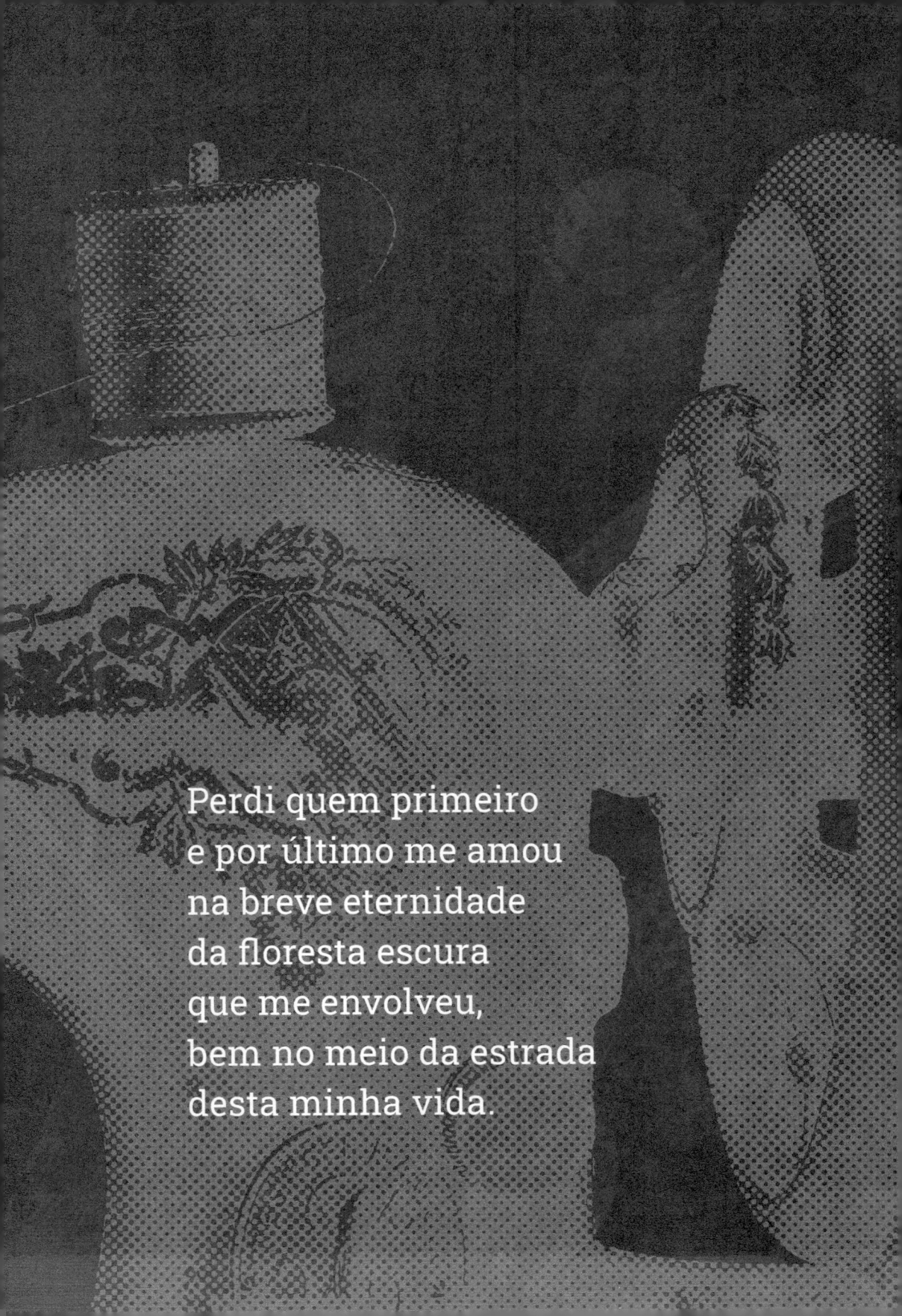

Perdi quem primeiro
e por último me amou
na breve eternidade
da floresta escura
que me envolveu,
bem no meio da estrada
desta minha vida.

Mestres
de ofícios

MENINOS NO ENSAIO DE SE TORNAREM RAPAZES, SEM TANTO futuro à vista, de famílias sem condições de sustentá-los em faculdades de Campinas, São Paulo, Rio de Janeiro, Belo Horizonte ou de lhes montar um pequeno negócio que fosse, eram logo destinados ao aprendizado de ofícios. Tinham bons mestres dispostos a lhes repassar o que sabiam a troco de mão de obra barata. Pedreiros, telhadeiros, pintores, marceneiros, sapateiros, alfaiates.

Passadas algumas semanas, os aprendizes já apresentavam a agilidade e presteza dos mais velhos por pagamentos semanais que mal davam para o mercado de frutas e verduras da família. Carne de primeira, nem pensar. E, nos açougues, as mães eram aquelas que pediam contrapesos de rebotalhos, lascas retiradas da limpeza dos filés dos ricos que, ali sobrando, iriam mesmo pros vira-latas da rua.

Deixavam a vergonha de lado e pediam também ossos com fiapos de carne ainda grudados, para a sopa das noites frias. Depois de fervidos, o tutano retirado do interior e temperado com sal pimenta e vinagre era comido ainda bem quente com pão.

Meninos, os de famílias sem eira nem beira, mas com alguma tradição de estudos na família, depois do ginásio faziam a Escola de Comércio. As meninas, a Escola Normal. Sempre havia trabalho para contadores e professoras. Andavam bem vestidos. Roupa limpa e bem passada que de tão usadas haviam aprendido o caminho das ruas.

Nada lhes faltava em casa, mesmo que, no caso das professoras, o governo passasse seis meses sem lhes pagar o salário. A maioria delas, depois de casadas, era arrimo de família. Bons partidos, dificilmente lhes faltavam maridos. Tinham crédito no comércio e agiotas que lhes antecipavam o salário com deságio.

Ainda estudantes, ajudavam mães, tias e avós nas costuras, bordados, crochês, tricôs e quitutes feitos para fora, em troca do

dinheirinho pro cinema, consertos de solas gastas de sapato ou pro sorvete no Ádio. Enxovais de noivas, bebês e até para viagens eram feitos assim, por grupos de tias e sobrinhas, de mães e filhas.

Rapazes, ainda na Escola de Comércio, eram aprendizes em escritórios, balconistas ou ajudantes de velhos alfaiates. O estudo, mesmo restrito ao Colegial, libertava-os do trabalho pesado, dos calos nas mãos e do rosto queimado de sol. Começavam fazendo barras de calças, depois acabamentos e, só se mostrassem grande talento e habilidade, aprendiam a riscar com giz moldes por cima de casimiras e brins. Paletós eram a última etapa da aprendizagem. Muitos nunca a alcançavam. Passavam a vida inteira calceiros.

Dário, Lolô e Amélio foram destinados ao ofício de alfaiate com diferentes mestres. Todos se mostraram talentosos. Lolô e Amélio entraram na dança e passaram muitos anos no ofício. Dário tratou logo de escapar. Dizia não suportar aquela rotina de agulhas, linhas e pedais, conversa fiada miudinha, risinhos atravessados. Contador formado, arranjou logo trabalho em escritórios. Pagavam pouco, mas lhe daria a experiência que precisava, quando, enfim, pudesse sair de Ouro Fino para nunca mais voltar.

Espuma pelas ventas

ALFAIATES, QUASE TODOS, VIVIAM E MORAVAM BEM NO CENTRO de Ouro Fino. Trabalhavam na sala da frente da casa, que dava direto pra rua. Varavam a noite fumando, sentados, largados na escadinha da porta. Atrapalhavam, pés estendidos na calçada estreita, os poucos que àquelas horas da noite zanzavam pela cidade. Freavam, assim, os passantes para dedos de prosa que iam se emendando a ponto do quase interminável. Só os mal-educados ou capazes de fingirem profunda distração atreviam-se a passar reto ou a trocar de calçada.

Um alfaiate, daqueles que tudo viam, ouviam e passavam pra frente, quase acabaria com o noivado de Dário e Elzinha, justamente na noite do pedido de casamento. A história contada é que depois da troca das alianças, na presença apenas da futura sogra e dos pais, Dário teve licença para ficar um tempo mais comprido de chamego com a amada, na namoradeira do jardim.

Dona Quinha e Seu Dante logo botam atenção no adiantado da hora e ensaiam o rumo de casa. Não aguentam mais puxar assunto diante de tão reduzida audiência. Dona Venerina insiste no "fiquem para outro cafezinho". Não teve jeito. Estavam cansados da lida do dia somada à chateação, bem disfarçada, de precisarem, na urgência, de roupa especial. Não queriam fazer má figura.

Dante fez a barba à navalha no maior capricho e a mulher, que quase nunca usava no rosto além de água e sabonete, aceitou até que filha lhe passasse um batonzinho. De vez em quando, apenas no inverno e olhe lá, é que se dava ao luxo de um cremezinho que lhe aliviasse a secura da pele.

61

Nunca esperou mar de rosas pros filhos, no casamento ou na vida toda. Gostava mesmo era de apontar espinhos acontecidos ou que poderiam lhes acontecer, por responsabilidades próprias ou destino. Num futuro próximo ou distante — insistia —, nada daria certo, por maior que fosse a labuta. O bom, quando acontecia, era apenas prenúncio de algum desastre à espreita. Ostentava com gosto nuvenzinha escura sobre a cabeça. Mas, mesmo com tão pouca convicção quanto à boa sorte dos filhos, ficou de coração apaziguado ao ver, já de saída, naquela noite do noivado, Maria de Lourdes ajeitar a gravata do irmão e lhe desejar felicidades.

Fazia, então, três anos que Dário e a irmã não se falavam. O irmão, cupincha da mãe, só fazia o que ela mandava. E a mãe mandava Dário seguir e espiar Lourdes, para ver se estava com as amigas ou se, depois de muita argumentação, a saída autorizada fora só pra se enrabichar com algum moço dos sem eira nem beira, tantos na cidade.

Depois dos boas-noites de Dona Quinha e Seu Dante, a mãe da noiva, sem qualquer paciência, começou a trancar as janelas e apagar as luzes da casa toda. Hora de o noivo picar a mula. Foi o que Dário fez e loguinho a noiva está lá a acompanhar do alpendre a subida dele em direção à Rua Treze.

Dário assovia, assovio de flauta das bem afinadas. Não anda, dá passinhos à *la* Fred Astaire. De repente, tropeça nas pernas do mestre alfaiate, antigo patrão que quis saber a razão de tanta felicidade.

— Fiquei noivo da Elzinha, filha da Dona Venerina.

— Mas como, Dário? Elzinha noivou faz pouco de um oficial que foi transferido, depois da guerra, daqui para o Nordeste. Noiva de aliança e tudo. Inclusive, namoravam muito, à noite, no portão. Eu via os dois daqui de onde estou, e olha que Dona Venerina não prestava muita atenção no que faziam, não. Onde você estava que não soube que o rapaz, certa noite, passou mal e botaram ele pra dentro de casa? Na manhã seguinte, veio o médico do batalhão e o superior dele para verem a situação. O rapaz teve uma crise renal e passou mais de uma semana, ali, em tratamento. E agora você me diz que está noivo? Da Elzinha?

Dário, de rompante, gira os calcanhares, espuma pelas ventas, em direção novamente ao endereço da Wenceslau Brás. Faz o maior escândalo. Cobra da futura sogra a razão de ter colocado um rapaz de fora, gente estranha, um nordestino, cearense, de quem nada se sabia, nem da família, pra dentro de casa. Elzinha, aflita, pede calma de mãos juntas em prece. A mãe, inconformada com tal despaupério, trata de jogar água gelada na fervura, já lhe apontando o olho da rua.

— Olha, Dário, ninguém está te obrigando a casar com minha filha que, aliás, pode te devolver, agorinha, a aliança. Me respeite, não quero confusão aqui dentro de casa.

Surpreso com tanta braveza e vendo a noiva já tirar a aliança, Dário não dá mais um pio. Vai embora, sem que ninguém se incomodasse a acompanhá-lo ao portão. Alcança a calçada e segue devagarinho. Ainda nem chegou à linha do trem e olha várias vezes pra trás, na esperança de algum aceno. Qual o quê!

No outro dia, chega pianinho, com o rabinho entre as pernas. Pede desculpas pelo escândalo. Promete ser bonzinho. Antes, enviara um pacote de doces de coco em fitas, daquela lojinha de porta e janela, de um balcãozinho só, perto da farmácia e do posto de gasolina. As fitas, todas recortadas milimetricamente iguais, eram enroladas e unidas, em forma de rosas, por uma calda branquinha de açúcar e levadas brevemente ao forno, ao ponto de dar-lhes aquele aspecto vitrificado, sem escurecê-las. Doce preferido das duas mulheres que poderiam salvá-lo ou condená-lo para sempre ao desterro eterno dos que amam sem futuro.

Se arrependimento matasse!

O RATO ROEU A ROUPA DO REI DE ROMA E A COLCHA MAIS LINDA do enxoval de Elzinha. Ao enumerar as piores coisas que haviam lhe acontecido na vida, fazia mais ou menos na ordem a seguir.

Ter se mudado com os filhos pequenos para longe da mãe e das irmãs queridas.

Não ter feito o curso completo de magistério na Escola Normal de Ouro Fino. Apenas o de curta duração para lecionar em escola rural.

Ter sido desleixada o suficiente para que ratinhos miúdos destroçassem a colcha branca toda em bordado richelieu, obra-prima de seu enxoval de noiva. Tragédia acontecida no seu primeiro endereço de casada, mais longe da família, já com duas filhas. Vila Zelina, São Paulo.

Não lamentava exatamente ter perdido a colcha, mas a tristeza da mãe quando soube da notícia. Simplesmente não se conformava, nunca se conformou, e viveu reclamando do acontecido como se tivesse acabado de acontecer.

— Imagine só deixar uma riqueza daquela, no fundo do baú, encostado numa parede úmida, divisa com uma fabriqueta de móveis. Lugar cheio de pó de serra, ninho de ratos. A colcha era para estar pendurada, numa sacola, dentro do guarda-roupa, fora do alcance desses bichos miúdos — não se cansava de lamuriar.

Com mais de oitenta anos, ainda se lembrava da tal colcha, que havia levado meses para ser feita pelas melhores bordadeiras da região. Paga adiantado, apesar da precisão de sempre que a família passava. Mais

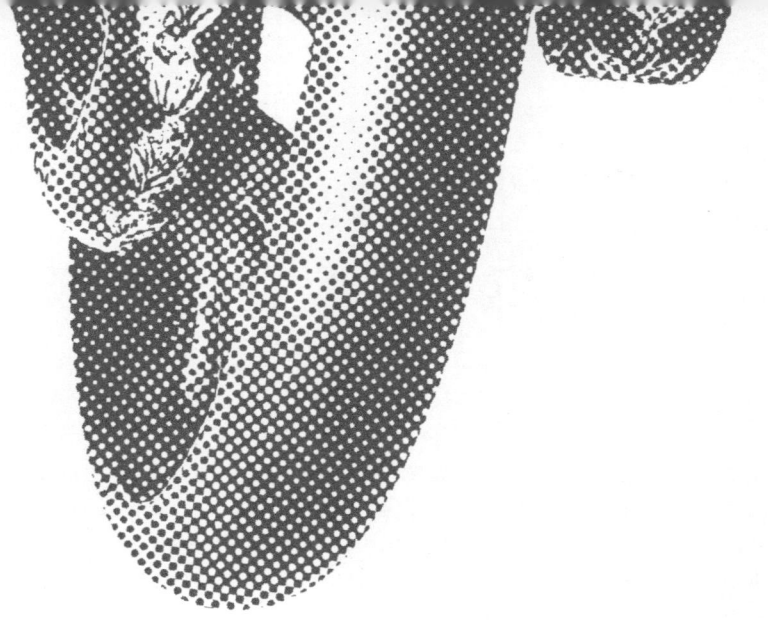

precisão ainda era a das bordadeiras que criavam pencas de filhos sozinhas. Maridos saíam de casa com algumas mudas de roupa, o relógio herança do pai ou avô, para qualquer trabalho que aparecesse em São Paulo e no Paraná. Poucos davam notícias com a necessária frequência.

— Bem que eu devia ter dito pra Elzinha deixar as peças melhores do enxoval aos meus cuidados, quando se mudou pra São Paulo! Fez isso com os copos e a jarra de cristal, e eles estão aí inteirinhos pra quem quiser ver.

Trinta anos depois, Dona Venerina estaria, em Brasília, nos últimos dias da filha. Levava-lhe chá, aconchegava-a entre as cobertas, testava-lhe a temperatura. Puxava as cortinas para deixar o quarto na penumbra e saía apressada, direto para a cozinha, com os olhos rasos d'água. Só saiu de perto quando Elzinha foi hospitalizada e não mais voltou para casa.

Não foi ao enterro. O coração não aguentaria ver baixar à sepultura outro filho, ainda na flor da idade e, olha só, num momento de vida bem arrumada, depois de anos seguidos de tantos transtornos e dificuldades. Teria, com gosto, trocado de lugar com sua pimpolha. Afinal, já estava com setenta e oito anos e "quanto mais se vive, mais se sofre".

Quanto aos bordados em richilieu, Elzinha guardou, por um bom tempo, os pedaços que sobraram da sanha dos bandos de roedores de carpintaria, na esperança de encontrar quem os emendasse numa nova colcha, mesmo que bem menor. Guardou até que se esqueceu deles. Não deu mais trela às lamúrias da mãe. Tinha mais o que fazer.

O pra sempre
que se acabou

ELZINHA NEM DEZOITO ANOS TINHA QUANDO FICOU QUASE NOI-
va de um oficial de exército, engenheiro, que assentou praça em
Ouro Fino, durante a Segunda Guerra Mundial. Terminou tudo quando soube que, depois de casada, teria que se mudar, isso em 1946,
para Manaus, o fim do mundo.

Na carta de rompimento definitivo, levada em mãos por outro
oficial amigo, pediu desculpas por ter alimentado as esperanças do
rapaz. "Não dou conta de viver longe da família e, principalmente,
longe da minha mãe viúva que tanto precisa de mim."

A carta levou junto as alianças com os nomes dos dois já gravados. Não devolveu o anel. Apenas um aro e garra a ostentar o grande topázio. Guardou no porta-joias de prata que carregou sempre
pelos tantos cantos que viveu. Até que o sempre se acabou. Voou
pela janela em um dos pratos de vidros coloridos, presentes de casamento, em dia de fúria conjugal.

Terminado o noivado, uma cigana — que naqueles tempos bandos de ciganos acampavam todos os anos na cidade — leu-lhe a
mão e disse:

— Não adiantou nada você terminar com o moço de fora. Com
o moço da cidade você também se mudará e cada vez mais pra
longe daqui.

Casada, foi morar e ser professora primária em Francisco Sá, um
dos bairros rurais de Ouro Fino. Voltou dois anos depois com a nova
pequena família para a cidade, onde morou por pouco tempo antes de começar com o marido a saga por vários estados do Brasil.

Foram onze mudanças em 24 anos, do casamento deles em Ouro Fino até o apartamento da Asa Norte, Brasília. Considerava tantos endereços verdadeira sina para quem nunca quisera deixar sequer as ruas da meninice.

Em cada mudança, mesmo que apenas de casa, sempre se lembrava da cigana. Desfiava o rosário de perdas, referências afetivas mais antigas e recém-construídas. Quanto tempo levaria para identificar a vizinha que lhe pudesse socorrer em horas de filho com muita febre ou falta de açúcar e café em casa? Elzinha nunca se esquecia da cigana. Dário nunca se esqueceu do oficial de quem ela havia ficado quase noiva. Lutou contra esse espantalho a vida inteira e, louco de ciúmes, trazia a lembrança dele à baila nas discussões recorrentes do casal.

Dezembro de 1976, Dário e Elzinha estão no palanque dos convidados, no setor Militar Urbano, em Brasília. O filho mais velho forma-se oficial de reserva. Na banda, que acompanha a evolução da tropa de formandos, um soldadinho destacava-se pela elegância e morenice nordestina. Dário jura que trocaram olhares, que ela, com certeza, viu no corneteiro, o quase noivo de quem nunca mais tivera notícias. Tanto ciúmes assim sem nunca ter sabido, só Elzinha guardara o segredo: o oficial dormira com o retrato dela, na mesinha de cabeceira da cama, por anos a fio. Mesmo depois de sabê-la casada e com filhas. Um amigo comum deu-lhe a notícia, quando a vida dela já dava voltas e reviravoltas pelas estradas de Minas, São Paulo e Goiás.

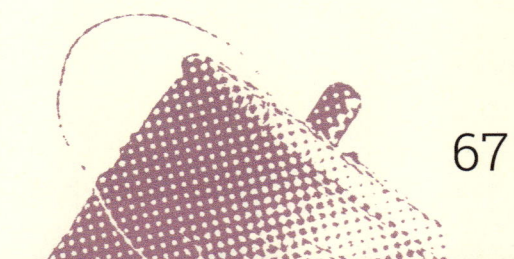

Costura-se para senhoras

FEZ QUESTÃO DE ESPALHAR AOS QUATRO VENTOS QUE O DIA MAIS feliz da vida dela não foi quando se casou ou quando nasceram-lhes os filhos. Mas o de 23 de maio de 1975: aos quarenta e sete anos, assinou seu primeiro contrato de trabalho. Elzinha repetiu isso à exaustão, para espanto e até mesmo tristeza da família. Não dormiu a noite inteira, na expectativa do primeiro dia na gerência da loja de confecções do sobrinho mais velho, no Conjunto Nacional de Brasília.

Não ter que cozinhar todos os dias nem cuidar de crianças, agora já grandes, a mais velha prestes a se casar, era o céu na terra.

— Ter o próprio dinheiro e poder sair da casa dos pais ainda solteira ou do casamento é a carta de alforria de uma mulher — teve então a coragem de dizer em alto e bom som. Quem quisesse ficar chateado que ficasse. Não estava nem aí.

Nos tempos de Elzinha moça, muitas se casavam porque prefeririam qualquer vida a envelhecerem, com a morte dos pais, abrigadas por irmãos ingratos. Depois de anos e anos dedicados aos serviços da casa, à criação e aos estudos dos sobrinhos, quase todas terminavam os dias em quartinhos de fundo do quintal, encostadas feito trastes já sem serventia.

Nas viagens de férias da família eram sempre esquecidas. Afinal, alguém precisa cuidar da casa, dar comida aos cachorros, gatos, passarinhos, regar as plantas. Assim muitas morreram em Ouro Fino, sem nunca terem conhecido o mar de Santos, pago promessa em Aparecida do Norte, passado semanas de inverno em Poços de Caldas ou de verão em São Lourenço. Se viajavam, era para ajudar tias que moravam distantes, já doentes ou precisadas de companhia.

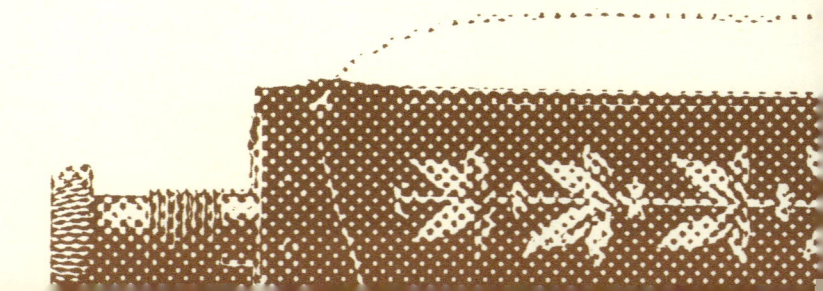

Quando se mudou, em 1954, para São Paulo, estava determinada a arranjar qualquer trabalho que lhe desse renda mensal, pequena que fosse. O ordenado do marido mal dava para as contas mais básicas. Mesmo assim, botava defeito nas mais simples das oportunidades que apareciam para a mulher nos classificados dos jornais. As crianças não seriam bem cuidadas pelas mães crecheteiras do bairro. Precisaria pegar condução para chegar ao trabalho. O que ganharia nem compensava se arrumar e sair de casa todos os dias.

Empregos em fábricas e escritórios não faltavam. Elzinha escrevia corretamente e sabia datilografar muito bem. Fábricas já terceirizavam fases da produção. Nas grandes confecções, grupos de mulheres modelavam e cortavam camisas, outros pregavam mangas, colarinhos e botões. Muitas fábricas preferiam que trabalhassem em casa. Era preciso pregar centenas de colarinhos e punhos para ganhar mixaria.

Dário queria se proteger dos comentários do cunhado bem de vida. Incentivou a mulher a trabalhar por conta própria, com moda feminina. Poderia ganhar melhor. O primeiro passo foi colocar uma placa no muro da frente, anunciando o serviço. Encontrou uma tábua esquecida no quintal dos locatários lituanos, serrou-a, pintou-a e escreveu: "Costura-se para Senhoras". Tudo isso a pincel, em letra bem desenhadinha.

Elzinha suspirou aliviada ao ver a placa ali bem visível para quem passasse, de tanto insistir com o marido. Ele, que não gostava de gente estranha batendo à porta se lá não estivesse, fez-lhe esta pequena concessão. Ao entrar, foi direto pro quarto, acendeu uma vela e pediu para que alma do pai a ajudasse. Tinha fé, tudo daria certo.

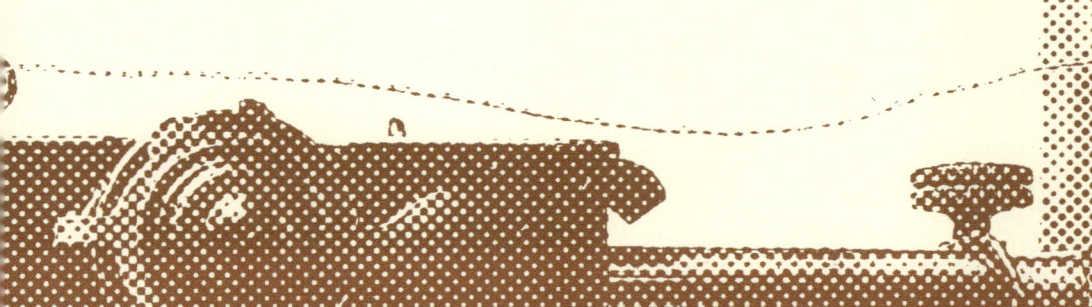

Durou bem pouco

NA VISITA DOMINGUEIRA, O CUNHADO ACHOU A TABULETA "COS-tura-se para Senhoras" bem pouco chamativa. Na semana seguinte, chegou com uma placa de metal, feita por profissionais. O fundo alaranjado destacava o que vinha escrito em preto: "Modista". Palavra que valoriza o ofício. O marido, todo chué, despregou a placa artesanal e a substituiu pela do cunhado. Isso cortou meu coração de menina. Dário havia gasto tanto tempo para fazê-la! Tratei de sair dali de perto rapidinho para que ninguém me visse chorar.

Com placa tão vistosa, freguesas não demoraram a aparecer. Mas, para desespero da modista, todas de corpos disformes. Havia clientes sem cintura, outras com quadris e bustos demasiados grandes ou gordas papadas que as deixavam quase sem pescoço. Quanto mais feias e disformes, mais chatas e exigentes. Queriam que a roupa lhes escondesse bundas, barrigas, peitos caídos, que lhes deixasse mais magras e toda a sorte de milagres.

A nova carreira de Elzinha encerrou-se rapidamente, depois de lhe aparecer uma cliente elefanta de tão grande. Queria vestido num tecido, desses molengas, que lhe marcaria, certamente, todas as saliências. Convenceu a cliente a trocá-lo. Passou outro tempão a apresentar-lhe alternativas de modelos que mais lhe favorecessem. Dona Obesa queria um vestido que lhe caísse perfeito na cintura quase da mesma largura do quadril, manguinhas japonesas, daqueles sem cavas, curtinhas, que não lhes marcassem os braços roliços, e um bendito decote canoa.

Elzinha sofreu que nem condenada para dar conta do serviço. Foram horas de costuras e desmanches até que o tal vestido se acomodasse naquele corpo cheio de altos e baixos. Ao conseguir dar o ponto certo no decote canoinha, fechou a máquina, guardou os aviamentos, colocou uma colcha sobre o móvel, como se jamais fosse abri-lo. Virou-se para as crianças e disse:

— Costurar pra mulher, nunca mais! Prefiro passar fome!

Presentes, só os dos Reis Magos

ELZINHA, CRIANÇA, NÃO ERA PRESENTEADA NO NATAL, MAS NO dia de Reis, 6 de janeiro. Em muitas partes da Itália ainda é assim. Presentes só no dia que Melchior, Baltasar e Gaspar chegaram à humilde estrebaria de Nazaré iluminada pela Estrela-Guia e adoraram o Deus-Menino, depositando-Lhe aos pés três potes: um de ouro, um de mirra e outro de incenso.

O ouro, sinal de cumprimento da profecia. A de que todos os reis da terra viriam adorar o Deus-Menino. A mirra, usada na época para embalsamar corpos, representaria a imortalidade. O incenso, a espiritualidade, por ser presente destinado aos sacerdotes.

Nas noites de Natal de antigamente todos saíam para a Missa do Galo. Assim chamada porque começava à meia-noite e só terminava umas duas ou mais horas depois. Quando voltavam, apenas o revigorante, perfeito e o sempre esperado *tortellini* caseiro, *in brodo*, tradição vêneta. Os mais velhos derramavam meio copo de vinho tinto sobre o prato já servido. Depois, cama.

Missa do Galo só tem tal nome no Brasil e em Portugal. Diz a lenda que um galo cantou na madrugada, em Belém, Palestina, anunciando a Boa-Nova, o nascimento de Jesus, o predestinado a salvar os humanos dos pecados, resgatá-los deste Vale de Lágrimas e levá-los ao Paraíso Eterno. Mas só depois de mortos. Nos demais países europeus, na véspera de Natal, a celebração católica chama-se Missa da Meia-Noite.

A grande festa era no almoço do dia 25, quando as pessoas da família chegavam nas melhores roupas à casa do patriarca ou da matriarca, chefes dos clãs. Almoço pesado com todas as carnes possíveis, temperos fortes e vinho, inclusive para as crianças, puro ou com água e açúcar.

Dia de Reis era outro dia santo no Brasil. Até hoje na Itália. Presentes das crianças, coisas que usariam durante o ano todo ou comeriam em seguida: sapatos, cortes de tecidos, bombons e maçãs

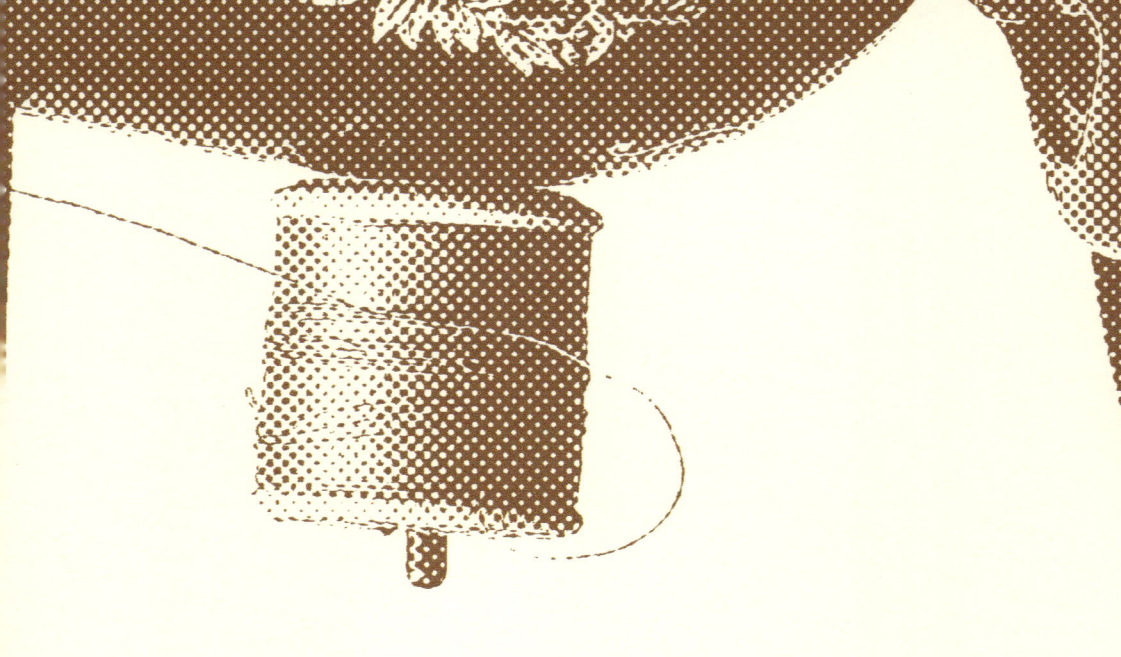

argentinas, daquelas enormes, vermelhas e lustrosas, embrulha-das em papel de seda roxo, lilás. Demorava-se para comer esses tesouros. As maçãs, antes da primeira mordida, eram cheiradas à exaustão, e o papel, alisado, era guardado nas gavetas para que o perfume continuasse na memória das roupas de cama.

Elzinha ganhou brinquedo só uma vez. Uma bonequinha míni-ma de papel machê com duas bochechas vermelhinhas, boquinha, olhinhos e enormes cílios apenas desenhados. No Natal seguinte, estava órfã. O pai havia morrido em outubro. Não teve Missa do Galo, nem almoço com mesa no quintal à sombra das parreiras. O dia de Reis não chegou. Tinha sete anos.

Passou a vida dizendo que celebrava o Natal "por honra da casa", porque nunca mais soube o que era ter a família inteira nesse dia. Os irmãos estavam longe, a mãe estava longe, tudo muito longe. Mas nunca deixou de armar a árvore de Natal nem de colocar presentes embaixo dela, nem de fazer o almoço da família.

As tardes de Natal lá daquela cidade, no norte do Paraná, que mais parecia o fim do mundo para quem havia saído do Sul de Mi-nas, eram bem tristes. De manhã, a festa de se abrir presentes. Café com panetone caseiro. Mas, depois do almoço, nossa mãe escondia as lágrimas na penumbra do quarto e nosso pai fingia nada ouvir. Logo ela reapareceria, conformada da vida. A noite era véspera de dia normal e tudo entraria nos eixos novamente.

Pano para mangas

É 24 DE SETEMBRO DE 2018. ELZINHA FARIA NOVENTA ANOS. JÁ faz quarenta que morreu. Havia recém-completado cinquenta anos quando se despediu bem a contragosto dessa vida. Por insistência de alguns amigos, um frei foi vê-la bem perto do fim. Ao sair, disse aos filhos que a mãe era mulher de muita fé e que estava partindo tranquila. Pode ser que estivesse, mas se fosse consultada pelo Todo-Poderoso, o que tudo sabe e tudo rege, teria dito que gostaria de ter ficado mais tempo neste Vale de Lágrimas.

Sedutora até vestida de monja, provocava, querendo ou não, cenas de ciúmes incontidos no marido, vigilante da direção de seus olhares e sorrisos, mesmo os mínimos. Em reuniões de família, era aquela história de cunhados e concunhados a bajulá-la. O marido ardia de raiva e, muitas vezes, ela voltava aos prantos pra casa porque, sem mais nem menos, ele abruptamente colocava fim na brincadeira. Pegava as crianças pelas mãos e ia tomando a direção da porta da rua sem ao menos dizer boa-noite aos que ficavam. A mulher corria atrás pra a coisa não ficar ainda mais feia.

— Esta tua falta de educação é morte pra mim, Dário! O que as pessoas vão dizer?

E o marido estava lá preocupado com o que os outros diriam! A propriedade era dele e ele tirava o doce da festa na hora que quisesse. As tias das crianças ficavam tristes com a situação porque não se importavam com o charme que os maridos jogavam para a irmã. Eles simplesmente a adoravam. Nair soltava gargalhadas quando o marido Osmar dizia gostar das duas do mesmo jeito.

— Como não gostar da mulher e também das irmãs dela se são da mesma substância?

Mas Dário não tinha essa sabedoria toda. Qualquer conversinha entre Elza, cunhados e concunhados, logo provocava incêndios de dias, semanas, meses ou até que qualquer aflição familiar mais importante jogasse para debaixo do tapete desentendimentos e grosserias. Freio de arrumação para que do quase nada reaparecessem.

Uma das confusões que deu pano para mangas foi quando Elzinha estava na casa da mãe para o parto da segunda filha. O concunhado Osmar povoou o galinheiro nos fundos do quintal da sogra de franguinhos de leite. Ela, descuidada, comentou:

— Olha só, Dário, não faltará canja para o resguardo!

No dia seguinte, os franguinhos foram todos banidos para outro terreiro.

— Que o Osmar cuide da Nair. Da minha mulher quem cuida sou eu — esbravejou, ofendido.

Um vestido, duas noivas

NAIR, TRÊS ANOS MAIS VELHA QUE ELZINHA, SE CASOU DEPOIS. Remodelou, não muito, o vestido da irmã. Era costureira de mão cheia. Pequenos ajustes para que as fotos do grande dia de cada uma não perpetuassem vestidos iguais. As grinaldas, véus e buquês, diferentes. Mesmo assim houve quem botasse reparo.

Afinal, o mesmo vestido para casar duas filhas só provava que a situação na casa da Dona Venerina não era das melhores, apesar de ela manter mobiliário e louças no brilho e os filhos saírem feito príncipes e princesas para as missas de domingo e o cinema. Casa bonita igual não havia naquele quarteirão todo. Nem família.

Osmar e Nair casaram-se pela manhã. A festa, apenas um almoço pros mais chegados. Saíram em lua de mel no trem do meio da tarde, para Itajubá, cidade já no início da década de 1950 bem maior e mais bonita que Ouro Fino. Das quatro irmãs, foi a única com direito a esse tipo de viagem e... não gostou.

Tereza, a primeira filha de Venerina Giuseppe casou-se e foi no mesmo dia para a fazenda do pai, que o marido já começara a administrar. A mais nova, Isolet, também seguiu, depois de cortar o bolo de casamento, com o marido para a roça, no Bairro dos Lima. Dário e Elzinha passaram a noite de núpcias na casa de Dona Venerina porque era Natal e a festa prolongou-se até a última bebida e comida.

E aí como foi a noite na casa cheia de parentes?

— Todos foram dormir e já vi, de início, que Dário era muito sem educação. Na casa da minha mãe, não se arrastavam cadeiras, nem se pisava forte, nem se fechavam trincos com força, depois que as pessoas se recolhiam. Ele fez tudo isso. Sentou-se na cama para tirar os sapatos. E como era daquelas camas altas antigas, os sapatos despencaram fazendo o maior barulhão. Que vergonha!

Das quatro, o marido mais romântico certamente foi Osmar. Fez questão da viagem para não amanhecerem no dia seguinte e nos imediatos na casa da sogra, onde passariam a morar. Bem comum, na época, principalmente entre famílias italianas, recém-casados morarem na casa materna ou paterna até conseguirem dar um jeito na vida. Alguns acabavam ficando pra sempre. Osmar só sairia da casa da sogra com três dos sete filhos nascidos.

Depois de duas noites em Itajubá, cidade muito boa de se passear, Nair bateu o pé e quis voltar para Ouro Fino. Chegaram assim de surpresa, com convidados ainda espalhados pela casa. O irmão Byron e a mulher Ilce, aboletados no quarto novinho do casal, mobiliado chique no último com móveis de estilo comprados fora. Nair não sabia se ria ou se chorava.

— Mas por que a senhora não quis ficar mais em Itajubá, em lua de mel?

— Eu tava doida pra voltar. Num gostava daquelas coisas não!

— Daquelas coisas? De ficar namorando?

— É.

— E como vocês tiveram sete filhos?

— É que eu não gostava, mas ele gostava muiiiito!

76

Rosas e espinhos

MAIS DE DEZ ANOS DEPOIS, A VIDA DE FARTURA E DE TUDO NOS trinques em casa também se revelaria madrasta para Osmar e Nair. Os primeiros filhos começavam a adolescer e o negócio de vender fumo em rolo naquelas latas vistosas com o desenho de um cacique com cocar nas tampas foi pro brejo.

Desenrolar e enrolar fumo no chamado burrinho, uma armação como as de tirar água de cisterna, era trabalho pesado que afetava coluna e rins. O produto comprado direto de produtores, nas roças da região, vinha enrolado, mas ainda verde. Na cidade, era desenrolado e posto a secar ao sol, em cambitos, espetos de madeira. enfileirados nos muros. Seco, era enrolado novamente à mão, depois de pincelado com uma pasta protetora feita inclusive de mel, e colocado em grandes latas, cada fileira separada por pequenas estacas de bambu para não grudarem umas nas outras. O fumo era então despachado por trem para o comércio varejista da região, atendendo pedidos registrados por viajantes, como eram chamados os representantes comerciais.

Armazéns, depósitos de fumo em rolo desapareceram do interior de Minas no final da década de 1960. A família tomou, então, o rumo de Belo Horizonte. Foram para Itaúna, perto de Azurita, onde Osmar nascera e já se arrependia de ter saído. Ita, pedra. Una, negra. Fundições de minério espalhavam-se pela cidade, cobrindo-a de fumaça e de cinzas, de tosses.

Nair continuou a vidinha, com a paciência de Jó de sempre. Comida feita no fogão a lenha que não precisava ser comprada. De manhã, horas no tanque porque a máquina de lavar fora vendida na mudança. Comida sempre pronta à mesa, ao meio-dia. Sete pratos prontos, fumegantes, à espera dos filhos que chegavam da escola. Cada um arrumado de um jeito. Feijão em cima do arroz ou arroz em cima do feijão. Arroz e feijão divididos em cada metade do prato. Mais arroz do que feijão ou mais feijão do que arroz. Com ou sem farinha. Carne com ou sem cebola. Gema do ovo dura ou mole. Ovo inteiro ou mexido. Osmar, que cuidara de tanta gente, além da própria família, sumiu de casa. Foi para Vitória, Espírito Santo, endereço não sabido. Os filhos mais velhos, ainda menores de idade, foram paras as fundições, carteira de trabalho assinada, que naqueles tempos podia.

A casa inicial

AMPLA, VARANDA ABERTA PARA A PAISAGEM. ALÉM DE UMA das janelas da sala de jantar, o ipê amarelo florido. Apenas outra família de moradores e seus descendentes ocuparam essa primeira casa de Dário e Elza, que se casaram no Natal de 1948. Nasci um ano e um mês depois, em janeiro de 1950, na casa de minha avó materna. Logo mamãe e bebê estariam de volta à fazenda.

Tudo está bem cuidado por Rosa, que vive ali com o marido, tratorista da fazenda, e a filha Juliana, há mais de vinte anos. Antes disso, foi moradia da família dos seus sogros. O marido nasceu, foi criado, mora e trabalha na fazenda que ainda produz café e do bom. Um medalhão encrustado na "testa" da fachada da casa ostenta o ano de construção: 1913. Abaixo, do número, as iniciais JBS, as do antigo proprietário José Benedito Serra.

O sino instalado bem perto da varanda avisava aos trabalhadores horas do almoço, de se começar e encerrar o trabalho, da Ave-Maria. O alambrado de madeira é original. Também as janelas e o assoalho de tábuas largas e irregulares, conservadas com cera e vermelhão. O fogão de lenha foi demolido.

A estradinha de acesso à casa passa pelo casarão assobradado, sede da fazenda no início do século passado até meados da década de 1970. No térreo, as portas arruinadas do antigo empório para compras emergenciais dos caboclos e o terreiro para secagem do café. A necessária e urgente reforma, antes que caia, não acontecerá. O atual dono preferiu construir, bem perto, outra casa grande e moderna, murada e encoberta pela vegetação. Que o sobrado se arrebente no solo nunca mais cuidado nesses dias sem glórias.

Assim acontece com a maioria dos casarões das antigas fazendas do Sul de Minas. Preservá-los em boas condições custa dinheiro. Nada adianta falar da beleza que ostentam, nas portas e nas janelas de duas folhas descascadas em azul. Poderiam abrigar pousadas ou restaurantes para os passeios de domingo de quem mora na cidade. O amor, que preserva belezas do passado, requer não só dinheiro, mas também compaixão, respeito pelas pessoas, pelas histórias dos que ali viveram.

Ao lado do casarão ainda existe o velho paiol, salão de bailes das festas que antecediam as colheitas. Encontro-me com Dona Virgínia, que mora desde antes da chegada de Dário e Elza a Francisco Sá, na mesma casinha da baixada, à beira do antigo leito de trilhos da Maria Fumaça. Não se lembra deles. Nada. Nadica de nada. Mas diz que tem saudades dos bailes daquela época.

Achei a casa inicial dos meus pais, a minha casa inicial. Não preciso mais voltar. Deixo essas morrarias e várzeas para sempre. Caramujo, levo comigo às costas, nas minhas andanças todas pelo mundo, as casas que amei.

Roda pião, bambeia pião!

GADO. DE CORTE. DE LEITE. ALAZÕES LUSTROSOS, TROTE FOGOSO, sem selas. Éguas ressabiadas. Potros e potrinhos saltitantes. Pangarés. E olha lá um carro de boi passando! Capelas. Capelinha. *Capelinha de melão é de São João, é de cravo, é de rosa, é de manjericão.* Bandeiras dos santos juninos continuam erguidas e já é setembro. *São João está dormindo, acordai, acordai, João!*

Casario dos apanhadores de café que, agora, vêm do Paraná, e só na colheita. Antes, multidão de trabalhadores permanentes morava ali. Roupas estendidas nas cercas tortas, bambas, capengas, de bambu. O campo de futebol. Cao, em dia de jogo, aos oito anos, vendia pastéis feitos pela tia. A venda deu tão certo que nas férias escolares resolveram oferecê-los também durante as paradas do trem na pequena estação de Francisco Sá.

Cao entra no trem para melhor oferecê-los e... a locomotiva apita uma, duas, três vezes e, devargar, devagazinho, se põe em movimento. Daria até para que ele pulasse do vagão. A Maria Fumaça nem pegara o embalo ainda. Pensou, num longo segundo, quantas bolinhas de gude poderia comprar com o dinheiro que tinha no bolso. Coloridas, translúcidas, grandes, pequenas, pequeninhas. E tinha aquele pião de madeira toda rajadinha na lojinha da Dona Guaracy. Fazia semanas que namorava o brinquedo, sem um tostão para comprá-lo. Bonito demais o pião. Já o segurava com firmeza na mão esquerda. A direita enrolava com muito jeito a fieira, o cordão à sua volta, do topo até a pontinha. Já deixou uma pontinha de sobra. Enrolou a sobra no dedo indicador. Toma posição. Chicoteia o pião que desliza na fieira e começa bem longe a girar no chão. Cao é o rei dos duelos de pião. Rei de respeito, daqueles de espada e coroa brilhantes. Ninguém arremessa pião com tanta graça e destreza. Nenhum moleque da rua, só ele, faz o pião rodar, girar, bambear por tanto tempo. *O pião entrou na roda, o pião! Roda pião, bambeia pião!*

Poderia até comprar picolé *tutti-frutti*, na sorveteria do Ádio. Em casa, o dinheiro tão contadinho não dava para extravagâncias. Mãe viúva, professora, salário sempre atrasado. O trem apita, já vai parar em Ouro Fino. Cao desce com a determinação dos que fazem a coisa certa. Antes de ir às compras, pede ao telegrafista da estação que avise aos de Francisco Sá a sua não premeditada fuga. Depois acertaria com a tia a contabilidade devida. Depois, dia de São Nunca.

A estradinha de terra continua até Borda da Mata. Passa, antes, pelo povoado de Bogari. Nome de flor, o jasmim das Arábias. Ainda em Francisco Sá, avistamos, quase à beira da estrada, a velha escola, onde, Elzinha, professora, atendia, numa mesma sala, alunos de todas as séries. Comprou com o próprio salário o berço da primeira filha. Bem grande, sem as grades virava bela caminha de cabeceira alta e bem desenhada para acompanhar o crescimento da menina. O berço seguiu mudando-se com a família até o definitivo pouso, Brasília.

Continua em pé. Abandonada. Construíram outra, bem maior, mais adiante. Tudo nos conformes. Pátio para as brincadeiras da criançada, estacionamento, várias professoras, diretor e merendeira. A porta entreaberta da velha escola me anima a entrar. Janelas escancaradas, pintura descascada. No quadro-negro vestígios de lições. Na copa, panelas da merenda. Filtro d'água de barro coberto de limo ressecado. Bule laranja esmaltado. Mesa capenga. Cadeiras sem assentos. O vento empurra pelas janelas pétalas do jasmineiro que não, não morreu. E tudo o que ela foi na minha vida, toda a falta que me faz, tudo repousa ali, docemente, envolto em perfume. De flor e de leite.

Cruz que
se carrega

BEM QUE ELZINHA TENTOU MUDAR DE DESTINO. LARGAR TUDO pra trás. Tudo sempre tão igual. Almoço feito, brinca com as galinhas, vai pro portão ver a vida passar. O moço, sempre apressado, a galope, um dia freia o passo, apeia do cavalo em busca de prosa. O marido ciumento chega e faz escândalo. Morta de vergonha, segura o choro. Poucos meses de casada e essa recorrência toda que lhe deixa o coração pela boca, calafrios e tremedeiras pelo corpo.

Mesmo sem violência física, abuso verbais aos gritos minam qualquer possibilidade de vida feliz, longe da família, da cidade. Sem encontros com amigos, missas e novenas. Sessões de cinema e sorvete. Nunca mais idas com as irmãs a Pouso Alegre para compra de tecidos, figurinos, sapatos da moda. Adeus bailes do Éden Clube. Missas aos domingos.

Não podia cumprimentar ninguém da fazenda, nem visitar Dona Lídia, a crente, mãe de três rapazes, desses que arrancam suspiros por onde passam. Morava ali pertinho e passava tardes a costurar, a bordar e a fazer quitutes. Quer ajudá-la. Prosear com alguém de mais idade. Antes de se casar, nunca saíra de perto da mãe. Sente falta. Tanta saudade que o peito aperta, dói. Até chora. "Deus me livre de mulher minha ficar por aí batendo perna, falando da própria vida pros outros, de olhos espichados para quem não deve." — berra-lhe o marido.

Quatro meses de casada. O portão está aberto. O trem, parado na pequena estação, a última até Ouro Fino. Elzinha corre, como se lhe viesse um incêndio pelas costas. Sem lenço nem documento. Sem passagem. A locomotiva apita. Os vagões se movem. Consegue subir pela única porta ainda aberta. Conhecidos lhe dão socorro. Fecha os olhos. Num instante está na casa da mãe que não lhe aprova o desatino e sem piedade sentencia: "Casamento é cruz que se carrega pro resto da vida. Filha minha não se desquita pra viver de favor na casa de parentes. Filha minha não vai tentar a vida sozinha por aí, ao léu."

Volta pra casa. Torna-se, rápido, esperta em pirraças de enlouquecer marido. Se apronta toda para esperá-lo do serviço. Prepara-lhe o prato predileto. Está de penhoar de seda desamarrado na cintura. Assim, pouco aberto, mostra uma nesga da camisola, a mais bonita do enxoval. Rosa pêssego. *A camisola do dia, tão transparente e macia, tinha rendas de Sevilha, a pequena maravilha...*

Vai ao fogão repetir-lhe o prato. Faz passinhos de gueixa. Florezinhas do penhoar ondulam pra lá, pra cá... pra lá, pra cá. Atiçam desejos, espalham promessas que já se desmancham, anéis de fumaça. Depois, no quarto, ladainha de resmungos: "Tô com sono, nem passei tão bem assim à tarde, voltou aquela dor de cabeça enjoadinha que só." Cede, fingindo falta de vontade. Baldes de água fria na fervura dele. Escuridão e cansaço enfraquecem valentias, deixa todo mundo do mesmo tamanho.

Elzinha, em horas de assombros diurnos, de desesperos que apagavam o sol, de vontades de sair correndo, sem saber pra onde e nunca mais voltar, aprendeu a esconder suspiros e lamentos em gavetas de cômodas e armários, a acender velas pros santos, incensos pelos cantos da casa. "Só pode ser algum encosto", dizia em pensamento. E bem baixinho, entredentes: "Mulher não deveria se casar. Casamento é martírio. Homem é atraso de vida. Filhos, pra quê?"

Vida sozinha de casada

LOGO QUE A SEGUNDA FILHA NASCEU, EM AGOSTO DE 1951, DÁRIO e Elzinha mudaram-se de Francisco Sá. Estava difícil para ela cuidar de duas crianças pequenas sem ajuda das avós e da penca de tias.

O marido não se conformava com as injustiças que via. Gente que trabalhava de sol a sol, sempre a dever na venda, depois de todo bendito acerto de contas de final de mês. Não lhes sobrava nada pra qualquer precisão. Viviam maltrapilhos, sem conforto, em casas de chão batido, vento e chuva entrando pelos vãos dos telhados.

São Paulo crescia, havia empregos sobrando nas fábricas e os camaradas, endividados, não podiam tentar a sorte fora daquela vida de sacrifícios sem sentido. Meus avós paternos ajudaram muitos trabalhadores na fuga desse trabalho quase escravo. Davam-lhes abrigo, trouxa de roupa limpa, dinheiro pra passagem e um embornal com bastante merenda. Eram levados de charrete até a cidade mais próxima no estado de São Paulo, onde não poderiam ser alcançados pelos capangas dos fazendeiros locais.

O marido queria mudar de vida e Elzinha aceitou morar, por um tempo, numa parte da casa dos sogros. Mesmo com entradas independentes, os ruídos eram compartilhados porque assim é quando se vive de parede e meia. Muito nova, tinha dificuldades de estabelecer intimidade com a sogra, de gênio difícil. Então, passava as manhãs recolhida na parte da casa que lhe cabia, cuidando da vida. Dário arrumou emprego de representante comercial da marca de alumínios Penedo, espécie de concorrente de segunda linha da Rochedo, e viajava muito.

Quase todas as tardes, Elzinha escapava com as meninas para a casa da mãe, na parte baixa da cidade, depois da linha do trem,

perto do ribeirão. Só voltava pra dormir, já depois da janta, que não era boba de chegar e ainda ter que acender fogo pra cozinhar. Pai fora de casa por semanas, a trabalho, mãe e meninas tornaram-se companheiras de todas as horas. Diz a lenda familiar que a mais velha levantava-se contando histórias que emendava com outra e mais outra. Incansável, superava o problema de vocabulário fazendo sons parecidos com palavras. A mãe entendia muito bem tal dialeto e dava corda o tempo todo à filha matraca.

Certa vez, saía com suas meninas para o costumeiro passeio da tarde quando a ajudante nova da sogra, na lida de fazer quitandas para o bar do marido, perguntou:

— A senhora só está saindo com as pequenas?
Vai deixar a mais velha sozinha?

— Que mais velha?

— Aquela que passa a manhã inteira cantando
e contando histórias...

— Só tenho essas duas, a mais velha é essa aqui que ainda vai fazer três anos.

— Credo em cruz, Ave-Maria, a senhora num tem medo dessa criatura não? Ela é novinha demais pra falar desse jeito! Tem certeza que ela não recebe algum espírito? Só pode!

Menina mimosa

VERINHA NASCEU ASSIM QUERIDA, UM MIMO. NÃO FOI UM BEBÊ qualquer, foi um sonho de criança. Dormia o tempo todo. Acordada, só simpatia. Como sobrevivi a tamanha concorrência? Me mostrando inteligente, falante, palpiteira, perguntadeira. Enquanto isso, Verinha, assim delicada, assim recatada, timidazinha, ia se tornando o centro dos afetos de todos.

Imagine só ter que ouvir o tempo todo que a irmã é linda demais, fofa demais, querida demais? E ainda ter que fazer o papel de mais velha e protegê-la, mesmo a diferença de idade sendo menos de dois anos?

— Cuide de sua irmã!

— Não solte a mãozinha dela.

— Não a empurre, não a faça rir demais.

— Fique quieta pra ela não acordar!

Um verdadeiro martírio. Do que me adiantava ser a chaleira do meu pai, se ele não parava em casa, vivia viajando? E quando chegava, a pestinha, não contente com toda aquela atenção da mãe, de ter dormido na cama dela semanas inteiras, tinha, olha só, a petulância de disputar comigo a atenção dele.

— Verinha pode dormir comigo quando seu pai tá fora. Você, Clara, não. Não pode porque não tem sossego. Fica se virando e resmungando a noite toda. Tem pesadelo. Já pra sua cama!

Pai em casa, visitas aos avós que moravam do outro lado da cidade. Idas à sorveteria. Passeios até ali, até lá e mais não sei onde. E nós, meninas sempre bem arrumadas, duas bonecas, laços na cintura, nas mangas, nos cabelos. Elzinha preferia ficar em casa, livre de nós três. E a pestinha? Na ida tudo bem, seguíamos de mãos dadas com o pai. Mas na volta, Verinha começava logo a arrastar a perninha, a ficar pra trás. Aquele toquinho de gente, aquele botão de rosa redondinho!

— Vou levar a Verinha no colo. Assim a gente chega mais rápido em casa. Mamãe tá esperando. Não, não dou conta de carregar as duas. Além disso, você não é mais bebê, já canta, dança, até já dorme na casa da madrinha.

E lá ia a pestinha no colinho do pai, ou nas costas de cavalinho ou nos ombros que nem um anjinho de andor. E o povo pelo caminho:

— Que belezinha, Dário!

— Nem parece de verdade! Uma pintura!

Lá vem a Dona Palmira!

— Olha como é rosadinha, toda mimosa, cabelo fininho.

Vira-se para mim e diz:

— Tá ajudando a mamãe tomar conta da irmãzinha? Tem que ajudar, viu! Você, quando nasceu, deu um trabalhão! Ficou doente, era chorona. Coitada da Elzinha, ficou pele e osso. Não pregava o olho a noite inteira e, de dia, nem tinha sossego pra engolir a comida.

Nessas horas, queria que um buraco se abrisse no chão e me tragasse. Que uma varinha mágica me levasse pra bem longe aquele bebezinho que não chorava nunca, não dava trabalho e mais parecia um passarinho. Não dizia nada. Só fazia piu-piu.

Foi deixada pela cegonha, numa tarde, logo depois da chuva, no quintal da Vó Ina, todo enfeitado de copos-de-leite, de brincos de princesas, de folhagens pena-de-pavão. Ah! Que aquela belezurinha toda nunca tivesse acontecido na nossa vida e que eu mesma nunca crescesse pra sempre reinar absoluta no mundo inteiro dos meus pais.

Bem que eu tentei. Nem tinha um mês ainda e a tirei do berço que estava sem as grades. Botei a bebezinha no chão e a empurrei para o escuro de debaixo da cama. Fui brincar no quintal. De lá ouvia o fuzuê de dentro de casa.

— Cadê o bebê que estava aqui?

— Quem deixou a janela aberta? A ciganada tá na cidade.

— Deus Pai! Dizem que roubam crianças pra fazer dinheiro com elas.

Elzinha chora, as tias correm pelas ruas à procura da maluca, do maluco, só podia ser, carregando um bebê assim de dias.

Dário como sempre, fora de casa, viajando a trabalho.

Elzinha ameaça desmaio. É socorrida pelas vizinhas com álcool nos pulsos e copo de água com açúcar. A avó, a única com a cabeça no lugar, enfrenta o pandemônio. Vê a menininha mais velha tranquila a brincar no fundo do quintal, felizinha da vida. Foi lá, me pegou firme pela mão:

— Meu bem! Diz aqui, bem baixinho, só pra vovó. Onde está a neném da mamãe?

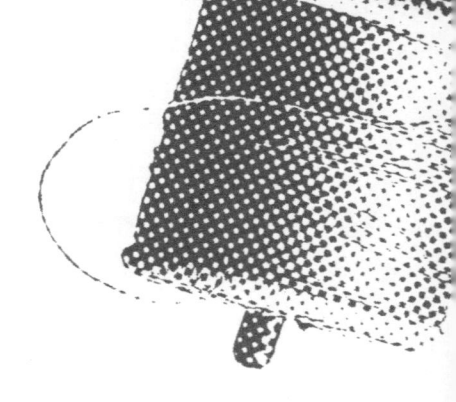

Com açúcar
e com afeto

DANTE, O TERCEIRO FILHO DE DÁRIO E ELZA, O PRIMEIRO MENINO, aos seis anos já começa a se rebelar. Aos dez já fugia dos carinhos melados das irmãs. No batismo católico há ou pelo menos havia três tipos de madrinha. A principal, que leva o bebê para ser lavado pela água que lhe apagará o pecado original e encerrará a breve vida de pagão; a de consagração a algum santo ou a Nossa Senhora; e a de apresentação, que segura o bebê durante quase todo o ritual. Eu fui essa madrinha.

Nossa mãe, talvez pressentindo que sua passagem pela vida seria breve, sempre me lembrava, como se precisasse, a condição de mais velha dos filhos, das minhas responsabilidades como tal. Menos de dois anos separam a data do nosso ascimento. Mesmo assim, tinha de proteger Vera do tráfego das ruas, das maldades dos garotos da escola, disso e daquilo. Tinha sempre que estar atenta a alguém e desviada da minha pessoa.

Dante nasceu. Eu cuidei dele. Nossa mãe tinha muito o que fazer. Passava grande parte do tempo à beira do tanque, lavando as camisas brancas de colarinho do meu pai, roupas de cama e de mesa, roupas das duas meninas e de um bebê, numa época em que nem se sonhava com fraldas descartáveis.

Levava aquele pingo de gente, tão lourinho, para tomar o sol da manhã. Estendia um lençol ou um cobertor sobre a grama e cuidava para que não desaparecesse à cata de alguma formiga tanajura, lesmas, tatu-bolinha e tudo mais que existe sobre a rústica grama dos quintais de cidades do interior. Tinha que cuidar também que a criatura não chorasse, porque se chorasse ficava roxo, enrolava a língua, perdia o fôlego, desfalecia, um horror!

Esse meu irmão teve o privilégio de ser mimado pelos meus avós paternos quando moraram conosco em Arapongas, no Paraná. Dormia embalado, no colo do meu avô, em músicas italianas apenas sussurradas. O mesmo avô que sempre havia guardado certas distâncias do trabalho do dia a dia com os netos. Mas este era especial, tinha o nome dele.

Dante sempre foi uma ilha distante, mesmo cercado de um mar de gente. Mal andava e tinha a mania de se esconder, de ir embora. Um dia de muito calor foi dormir, ainda bebezão, no porão da nossa primeira casa, toda de madeira, em Arapongas. Erguida sobre pedaços de troncos, toras, cortados exatamente da mesma altura, para que o piso não apodrecesse com a umidade do solo. Entenda-se, aqui, por porão, essa parte de debaixo da casa, infestada de teias de aranhas e escorpiões. Passamos um bom tempo a procurá-lo até que alguém teve a brilhante ideia de entrar naquele território desbravado só por cães e gatos. Lá estava ele, dormindo.

Aos três anos, já morávamos em uma casa bem melhor e maior, de tijolos, pintada de branco. Ele ganhou uma grande velocípede azul. Uma tarde, depois do banho tomado, num segundo de meu descuido, sumiu de casa todo serelepe.

— O senhor viu um menininho loirinho num velocípede azul?

— Vi sim, ele desceu a ladeirinha aqui com os pés pro alto porque o velocípede ganhou velocidade e ele não conseguia controlar os pedais. Mas num tô vendo ele mais não...

— Você viu um meninininho lourinho num...

— Vi sim, virou aquela rua lá embaixo, achei que tinha alguém na frente esperando por ele.

— Dona, a senhora viu...

— O teu irmãozinho? Vi sim, tava passando lá perto da escola dos japoneses, mas já deve ter subido de volta pela rua de trás.

Todo mundo tinha visto um menininho loirinho de menos de três anos, num velocípede azul, percorrendo uma distância quase do perímetro de uma quadra inteira de Brasília e ninguém tinha parado essa coisa fofa e perguntado o que fazia ali sozinho, dono da própria vida. Desesperada, desisti, chorando, de continuar perguntando pra tantos paspalhos. Cheguei em casa mal respirando, com o coração saindo pela boca. Minha mãe teria que tomar providências. E lá estava ele descansando embaixo do pé de café do jardim.

Essa foi a primeira vez que saiu de casa sozinho. Como chegou? Chegando. Obedecendo aquele senso de direção inato ao ser masculino. Coisa que me intriga sempre. Homens sabem, desde meninos, pra onde estão indo e, mesmo quando se perdem, encontram o caminho de volta. Sem qualquer pergunta. Aliás, odeiam se sentirem perdidos. Mesmo que se multiplique a distância, que se distraiam atrás de qualquer cachorrinho vira-lata ou rabo de saia, sempre encontram o caminho de casa. Braços que lhes esperam com o açúcar e o afeto de sempre. A aventura e o chamego do depois valem o risco das chineladas.

A estrela
da sorte

POUCOS DIAS DEPOIS DE O NETO NASCER, O AVÔ PATERNO APARE-
ceu de visita à casa da Wenceslau Brás. Bem barbeado, bem vestido como sempre, mas ainda mais solene: de paletó e gravata.

Puxou a cadeira para uma boa distância da cama, de forma que
pudesse ver mãe e filho, mas com o devido respeito. Só nessas ocasiões os homens, além dos maridos, podiam entrar em quartos de
mulheres casadas: quando elas tinham bebês.

A nora perdera o pai com apenas sete anos. Tinha adoração pelo
sogro. Eram bastante próximos. Por isso não entendeu por que ele
parecia estranhamente constrangido naquela manhã. Cruzava e
descruzava as pernas e parecia sem lugar para as mãos.

— O senhor está bem? Parece nervoso.

— Escute só, Elza, eu não queria estar aqui dizendo isso. Mas a
Quinha me obrigou a vir e a dizer que é pra você e o Dário encontra-
rem outro nome pro neném; que o meu não serve, que eu nasci sem
estrela, não tive sorte na vida, meus negócios nunca deram certo.

— Nossa Senhora do Céu! Nem quero ouvir nada disso. Se este
neném não tiver o nome do senhor, vamos ficar muito magoados. E
outra coisa, eu acho que o senhor é um homem de muita sorte. Tem
sua família, criou seus filhos, é respeitado por toda a cidade. Todo
mundo conhece o senhor e lhe quer bem, o que mais um homem
pode desejar?

— Bem, Elza, se é assim que vocês pensam, eu vou dizer pra
Quinha que vocês não aceitaram o conselho dela. Da minha parte,
fico muito feliz e orgulhoso que o neném tenha o meu nome. Até já
estou achando ele parecido comigo, olha só o nariz dele...

— Pode pegar o neném, o senhor sabe o quanto o Dário e eu gostamos do senhor. Não vamos mais tocar neste assunto. E pode ter certeza, esse menino nasceu com estrela, vai ter muita sorte na vida!

Pra Elzinha, sorte na vida tinha quem conseguisse passar em concurso do Banco do Brasil, ter um diploma universitário e, na hora que ela achasse a certa, casar-se e fazer uma família. Desejo de mãe, no caso, teve poder. Enquanto viveu, espantou sem dó nem piedade algumas sirigaitas que rondaram seu quintal. Não chegou a conhecer a predestinada ao filho. Mas adivinhou seu nome. Nas histórias que nos contava sempre aparecia uma menina chamada Sueli. "Era uma vez... Joãozinho e Maria caminhavam pela floresta em busca de lenha. No caminho encontraram Sueli, Roseli e Rosália..."

"Rapa do tacho"

ARAPONGAS, PARANÁ. AGOSTO DE 1960. ONZE ANOS DEPOIS DA primeira filha, Elzinha teve seu último rebento, o mais mimado, o mais debochado de todos, o mais irritante, o mais fogoso. Rapa do tacho. O doce que gruda é o mais doce.

Demorou a falar. Trocava as letras, sílabas e todos achavam aquela gracinha. Chorão. Teve varicela, coqueluche, a tal da tosse comprida, sarampo. Com um ano e meio, ainda não andava de tanto colo que tinha. Nasceu em casa, com a ajuda da parteira e da vó materna que viera de Ouro Fino até Arapongas, depois de parada estratégica na casa de um dos filhos, em São Paulo.

A mãe quis que tivesse o nome do pai. E, assim, livrou o menino de homenagem a algum famoso orador romano da antiguidade, aventada pelo marido: Marco Túlio, Publio ou Licinius.

— Um já tem o nome do avô. O outro terá o do pai.
E não se fala mais disso.

Aos sessenta anos, Venerina aterrissa em Londrina, toda feliz e faceira. Era sua primeira viagem de avião. Chegou abrindo malas de presentes. Da bolsa de mão tirou, orgulhosa, pratinhos de louça, talheres finos e copo de cristal, da refeição servida a bordo.

— Pedi para a aeromoça — se explicou diante do nosso olhar de espanto. — Não roubei nada. Não peguei nada escondido. Pedi porque achei bonitinhos demais e queria uma lembrança da viagem.

Formado em Agronomia, Dário, meu irmão, mora com a família em Brasília. Tem um viveiro, faz jardins, pomares, hortas e zela pelas plantas da família.

— Clara, você molhou as floreiras?

— Molhei. Mas o pé de lichia tá com as folhas amareladas, secas... por que será? Vai morrer?

— Com certeza, não. Exija que façam um regime de rega espartano nos primeiros meses.

— Espartano, no caso, significa muito ou pouco?

— Pouco é o descaso. A excelência é o acompanhamento.

— Dário, as folhas secarem é normal? O sol esta semana foi inclemente. Estou preocupada. Ela vai morrer? Não quero que morra. No dia que foi plantado, estava bem verdinho e já com frutinhas...

— Não deixe a rega por conta de quem acha que é só mais trabalho.

— Pois é, viajei a semana inteira, quando cheguei na sexta molhei, tô molhando duas vezes ao dia. Se a planta morrer...

— Um estresse da planta não é compensado pela bonança.

— Então ela vai morrer? Não me diga isso!

— Não. Farei uma avaliação ainda nesta semana, continue molhando.

— Tá, beijinhos. Boa noite. Vou colocar mais água nela.

— Clareta, plantas são adoção, de qualquer modo, sinto-me responsável. Fique tranquila, farei algo.

— Tá, beijos.

— Tiau.

Tudo era um "Deus, nos acuda!"

TRABALHO DE CASA ELZINHA GOSTAVA DE NENHUM. DOS MA-nuais, tricô. Pedalar a máquina de costura, só em caso de emergência: remendos e pequenos consertos, os de repregar um zíper, dar jeito num bolso que furou. Até que fazia umas peças novas, as mais fáceis, pijamas de crianças, porque nada se comprava pronto. Pijamas eram de flanela grossa. Inverno, no Sul de Minas, não é brincadeira.

Elzinha quer trabalhar fora. Ter o próprio dinheiro pra não dar satisfação pro marido de cada centavo gasto. Mas, na cidade, sem ser para professora, o que exigia diploma de Curso Normal completo, balconista ou telefonista, que emprego tinha para quem não era tão pobre? Lavar roupa pra fora, passar e faxinar não eram pra aquelas com algum estudo e criadas com presentes, mesmo mínimos, de Natal.

Enquanto morou, casada com crianças pequenas, em Ouro Fino, os dias eram todos iguais. Da bendita segunda à bendita sexta-feira. Cuidar da casa, fazer comida, lavar e passar roupa. Tirar uma sonequinha depois do almoço, se as meninas se aquietassem. Sábado, almoço na casa da sogra. Domingo, na casa da mãe. Missa, nem ia mais. Desobrigou-se depois de as crianças nascerem. Ô vidinha besta, meu Deus!

Às vezes, Elzinha pegava uns romances pra ler. De amor e finais felizes. O marido implicava. Romances colocam caraminholas nas cabeças de mães ainda jovens. A Família Cristã chegou e já foi lida rapidinho. Fotonovelas, só às escondidas. Não são apropriados às mulheres casadas aqueles beijos apaixonados que já não tinham. Também não podiam ter amigas solteiras. Nada de ficar no perepepê com quem ainda não achou marido, que nem noiva era e ficava só de namoricos tico-tico no fubá. Assuntos não coincidiam. Casadas já sabiam do que as solteiras fingiam não saber. E solteiras, dessas soltinhas na vida, podem virar a cabeça das casadas. Trazerem bilhetes de ex-namorados. Vá lá se saber!

Dia sim e outro também, Elzinha, que já se mudara da casa da sogra, atravessava a pinguela com a menina ainda bebê no colo, em direção à casa da mãe. A maiorzinha ia atrás, toda medrosa, se agarrando à corda frouxa do improvisado corrimão. O ribeirão que corta a cidade é traiçoeiro. Pode estar bem rasinho de águas transparentes a mostrar, no fundo, pedrinhas tom sobre tom de brancos, cinza e marrons. E, de repente crescer, num estrondo a arrastar árvores e animais lá de longe. Um ribeirão calmo ou raivoso, depende do que acontece na serra, não a que desenha o horizonte da cidade, mas de outra ainda mais longe.

Certa vez, vencido o ribeirão, olha só! Não é que tropeço e torço o pé, ainda na pinguela. A botinha, de solado reforçado e camurça das quentinhas, me escapa e tibum! Ai, meu Deus, que triste, lá vai a botinha que eu gostava tanto.

— Menina desajeitada, sempre aprontando. Não se pode descuidar um segundinho que o errado acontece. Bota novinha. Bem verdade que foi comprada um número maior.

No tropeção, de tão larga, escapuliu-me do pé. Mas a culpa é sempre de quem não tem modos, de quem nunca presta atenção onde pisa.

Pé de criança cresce depressa e dinheiro não se pode desperdiçar. Era pra durar bastante, ao menos dois invernos. Algodão recheava a parte oca, ainda não alcançada nem pelo dedão. E, agora, lá vai a botinha, levada pelo ribeirão.

— Foi bem cara, viu! Será que algum sapateiro faz outro pé? Nunca será do mesmo material. Não vai dar certo.

Dona Margarida vê tudo, já empoleirada na janela à espera do fim do dia. Balança a cabeça com descrença. Nunca se anima a prestar ajuda a quem quer que seja. Sempre de mal com a vida. Se é enterro que passa, trata logo de fechar as cortinas pra não ter que cumprimentar ninguém fingindo pesar.

Elzinha bufa de raiva. Quase sempre se arrepende de sair de casa com as duas pequenas. Mas todo dia faz tudo sempre igual, mesmo quando chove. Não aguenta ficar trancada na casa que nem quintal tem. Qualquer transtorno do caminho é compensado por biscoitos de polvilho saídos do forno, café ralinho e proseira.

Lá vou eu, pulando num pé só pra não sujar a meia de lã que ganhei, ontem, da madrinha.

Naqueles tempos, crianças, até as bem pequenas de três, quatro anos, eram culpadas. Não só do que lhes acontecia, mas do que deixava acontecer com os irmãozinhos ainda menores. Tudo era um Deus nos acuda por parte dos adultos que, sem mais nem menos, sem dó nem piedade, distribuíam beliscões, coques na nossa cabeça, puxões de orelhas a torto e à direita.

Esgoelávamos na choradeira de sempre. Ganhávamos mais safanões para que aprendêssemos a apanhar caladas. E depois, sem falta, ameaças de vou contar tudo pro teu pai, vai ficar sem a sobremesa, sem sair de casa. Brincar na rua, pode esquecer!

A falta
que ela faz

NO DIA EM QUE FICOU DOENTE, A PONTO DE QUASE NEM SAIR do quarto, pedi que minha mãe me ensinasse a fazer crochê. E a crochetar passei meses à beira de sua cama, vigiando-lhe a lenta agonia, cuidando da hora dos remédios que sequer aliviavam a dor. As horas se arrastavam na penumbra do quarto. Fora dali, o fluxo normal dos dias.

O pessoal da casa indo e vindo do trabalho, da escola, do cinema, das compras. Nas tardes de sábado e domingo, a televisão da sala ligada no futebol prendia a atenção dos meninos e a algazarra das crianças do edifício era ainda maior. Tudo se passava como num filme de diretor onipresente, dando espaços para que dor e alegria ocorressem, simultâneas.

Todas as tardes, um anjo de asas abertas, fazia voos curtos e pousava nas pontas dos pés entre os móveis do quarto, até alcançar o beiral da janela. Sai daí, menino! Elzinha tudo via de olhos fechados. Era meu irmão mais novo, ainda meninão, a fazer acrobacias.

Não se fechava mais a porta da casa para que campainha não perturbasse o frágil sono da doente. Os periquitos foram levados por um casal amigo. A cachorrinha traquinas, dada em adoção. O relógio de badalo, no corredor, emudecido.

Primeiro, perdi abraços ao chegar da faculdade. Depois, as conversas sobre a vida. E, por último, o colinho. Era assim: chegava cansada do trabalho, dos amigos, do casamento, e não precisava dizer nada. Encolhia-me no sofá, a cabeça sobre as pernas roliças dela, para cafunés, enquanto nos distraíamos com a novela.

A doença achou de lhe chegar bem perto do Natal. Primeiro, veio a operação decidida na urgência. Depois, a cama e a imobilidade. Como entendê-la ali, de repente enfraquecida, afastada do trabalho, dos amigos, dos parentes, longe da cozinha e do pão cheirando no forno? Tão nova, ainda!

Lembro-me dela acordando os filhos para a escola com aquele cheiro de café e pão com manteiga na boca. Ela saindo do banho com a toalha na cabeça e batom, feito artista de cinema; ela cortando os cabelos bem curtinhos e se maquiando pro meu pai sentir ciúmes. Tanta arrumação, enganava-se, nunca era para ele. De ficar de bem e de mal, de males entendidos costuraram a vida.

Só louco! Amou como eu amei Só louco, quis o bem que eu quis...

Dois anos antes, Dário e Elzinha assistiam juntos, de mãos dadas, no sofá da sala, à novela *O casarão*. Na abertura, Gal canta: "Ah! insensato coração! Porque me fizeste sofrer? Porque de amor para entender É preciso amar". Uma das músicas preferidas do meu pai. Das preferidas da minha mãe. É assim que me lembro dela. É assim que me lembro deles.

Não chorei
no dia

QUANDO MINHA MÃE MORREU, EM NOVEMBRO DE 1978, ME SENTI aliviada e nem chorei. Fiquei me dizendo "enfim, tudo acabou, ela não sofre mais, posso continuar minha vida". Dois dias depois, estava na Universidade de Brasília fazendo as provas que fechariam o semestre. Eu me formaria, em jornalismo, no mês seguinte.

Uma colega me viu, me apertou num abraço.

— Você está bem? Nem deveria estar aqui.

Respondi se porque minha mãe morreu eu deveria deixar de fazer as provas, estragar meu semestre, não me formar, me trancar dentro de casa. Acho que minha mãe não gostaria disso não! Fiz as provas. Todo mundo me olhando assim, espantado.

Chorar mesmo só comecei a chorar uns dois meses depois, todos os dias e todas as horas. Quando acordava, quando escovava os dentes, quando ia para o trabalho. E foi muito tempo assim. Parecia-me impossível, então, que enfim, acordaria, sem aquela dor, que apertava com as duas mãos meu coração até eu não conseguir respirar por segundos, por minutos, por uma eternidade.

Não sei quando, mas um dia acordei distraída dessa dor. Aconteceram tantas coisas nessa minha vida, tantos outros sofrimentos, tantas outras perdas, que até me pareceu que ela era só mesmo uma lembrança, um retrato, uma bronca, um carinho perdido no tempo.

Comecei a envelhecer e tudo mudou. Passei a me conformar cada vez menos com sua morte precoce, injusta, quando começava a levar uma vida melhor, sem tantas preocupações financeiras. Meu pai até falava de fazerem uma viagem a Buenos Aires! Coisa impensável nos seus dias de moça.

Ontem, passei o dia desassossegada, dificuldade para respirar. Nada estava bom. Nem consegui trabalhar direito. À noite, minha irmã Vera passou aqui em casa. Ao abrir a porta, notei que ela tinha cortado o cabelo e eu disse:

— Nossa, Elza, como você está bonita!

A confusão de nomes fez acontecer o inevitável. Ela entrou e conversamos muito sobre a nossa querida. Já faz mais tempo que estamos sem ela do que o passado em sua companhia. E a saudade não vai embora, nem haverá de ir.

Vera veio me contar da viagem com a família para a Itália. Quase todo ano é assim, vira e mexe estamos juntas na mesma hora, à noite, que nossa mãe disse adeus pra esse mundo. Quando cheguei ao quarto de hospital, onde ela passou seus últimos dias, tinha dado o último suspiro. A equipe médica quis reanimá-la. Vera disse basta, que a deixassem em paz.

O missal

NÃO ESCOLHI O CAIXÃO QUE LEVOU MEU O PAI AO TÚMULO. NEM o da minha mãe, que havia morrido quinze anos antes, sem cabelos brancos ainda e aquele olhar melancólico do dia em que se casou. O retrato dela de noiva, vestido com saia de seda, corpo e mangas de renda, colar de pérolas, está ali pra quem quiser ver na estante da sala.

Escolher caixões para os mortos é tarefa dos homens da família. O de Elzinha, fizemos questão, foi o mais caro. Que levasse todo dinheiro que tinha em Caderneta de Poupança. Com a vida por um fio havia dois anos, continuava guardando trocadinhos. Escolher caixões, fechá-los, carregá-los sobre os ombros, não são tarefas para mulheres. Ficam pelos cantos chorando. São os homens que depois dos enterros nos chamam à razão. Estão famintos. Querem um banho, tirar a roupa que cheira a flores murchas. Querem café bem forte. Vamos pra cozinha, e a vida continua.

Distribuir as roupas dos mortos também é tarefa das mulheres. Separar sapatos, bolsas para a caridade. O que pode ficar de lembrança para sobrinhos e netos ainda crianças. O missal foi a herança que eu quis; o colar de pérolas ficou com a Vera. O missal é negro. Dentro dele, o retrato do meu avô que nasceu em Civita, Calábria, e perambulou pelo mundo até dar com os costados no Sul de Minas em busca de uma mulher de ancas largas, boa parideira e de posses.

Abro o missal. Entre as folhas, meu avô, Giuseppe, em uniforme militar, jovem e ainda na Itália. Monta um cavalo fogoso esculpido em tamanho natural, pose de galope, cenário do estúdio fotográfico.

Elzinha canta "Tantum ergo sacramentum, veneremur cernui". Além dos cânticos e orações, ladainhas, vias-sacras, mistérios dolorosos e gozosos, o missal mostra como é difícil ser um cristão católico. Não bastam idas à igreja, confissões e penitências.

Cristãos praticam o perdão, a caridade. Repartem com necessitados o que têm pra si, não só o que lhes sobra. Visitam orfanatos, hospitais. Leio o missal e não conheço ninguém, não me reconheço católica de verdade. Só gente que reza, paga promessas. Mas ninguém disposto a esse comprometimento que vai além do voluntariado, da dedicação de algumas horas ao próximo: o de ser ele mesmo. Este aqui, agora, ao lado ou distante.

Cristãos devem estar inteiros diante da vida e da morte. Disponíveis. Mas o que fazemos é repetir sempre o mesmo velho hábito de nos despedaçar cada vez que alguém parte para sempre, para nunca mais, mesmo que este pra sempre e nunca mais não tenha por destino o cemitério, mas outros braços.

O prato frio
da vingança

DÁRIO FOI HOMEM DE GRANDE CORAÇÃO, GENEROSO, COMPE-
tente no ofício de contador, criativo, de sensibilidade à flor da pele.
Mas fez questão, principalmente em família, de ficar conhecido
mais pelos defeitos do que pelas qualidades: intempestivo, ciumento patológico, ranzinza, autoritário. Defeitos que aperfeiçoou na maturidade e na velhice.

Não, não se importava de estragar almoços e jantares em família para fazer prevalecer os próprios pontos de vista e dar razões a
sentimentos pouco nobres. Estava pouco se lixando, no momento,
mesmo que o arrependimento lhe chegasse a galope. Mas aí os corações dos filhos estavam partidos, Elzinha no quarto chorando, e
Venerina sofrendo pela filha e pelos netos.

Dário mudou-se com a família para São Paulo, em 1954, com a
ideia fixa de viver de seu grande talento. Durante o dia, trabalhava
como artefinalista em uma grande gráfica, à noite cursava belas-ar-
tes. Lembro-me dele a fazer esboços de lindos rótulos de bebidas.
Minha mãe não se conformava com aquilo. Ele já não ganhava muito e ainda gastava dinheiro próprio com tintas, pincéis, lápis ma-
cios pra fazer bonito no trabalho. E sem ganhar qualquer hora extra!
Não via qualquer futuro na arte do marido. Nem qualquer sentido se
gastar tanto tempo com coisas que não punham comida na mesa.

No verão de 1956/57, Dário volta de São Paulo com uma mão na
frente e outra atrás. Abriga a família na casa da sogra. Na véspera
de partir para Arapongas, Paraná, para ver se acertava definitiva-
mente a vida, Osmar, o concunhado, resolve esquecer desfeitas antigas e lhe preparar nova surpresa.

Parece que em família nada se aprende mesmo quando se trata de
ciumeiras e de se evitar provocações. Combinou com a sogra jantar

106

de gala. Encomendara um grande peixe, um peixe enorme, desses que se fazem assados, iguaria difícil de acontecer na família que, sim, comia peixes, mas raramente e dos pequenos, quase sempre fritinhos. Osmar viajava muito e sabia onde encontrar outras iguarias e sabores.

O peixe recheado e decorado com rodelas de tomates, cebolas e limões chegaria pronto, direto do portão da cozinha para a mesa da sala. Fora assado no grande formo de uma pensão da cidade. A sogra encarrega-se dos complementos: arroz branquinho, farofa, salada verde, batatas. De sobremesa, manjar branco com calda de ameixa. Jantar cheio de salamaleques, ainda dia claro porque o horário era de verão.

Tudo no capricho. Desde o meio da tarde, janelas da sala de jantar abertas, sinal de festa. A grande cristaleira, limpa. A mais linda toalha sobre a mesa. Flores no vaso de cristal e na jarra de louça. Dário saíra pra se despedir de amigos e parentes. Quando chegou e viu aquele movimento todo, achou que a combinação de Osmar havia sido diretamente com Elzinha. Quando, onde? No quintal? Aos cochichos no jardim? Só a hipótese de terem passado dias aos sussurros deixou-o enfurecido. Passou direto pela sala. Foi tomar banho.

Chega o peixe, o mais lindo e o maior da vida de todo mundo. De tão assadinho, a pele, rompida em alguns pontos, deixava ver a carne branquinha pronta para garfadas. Todos à mesa, sentados e comportados esperando pelo homenageado que demorava. Elzinha finge despreocupação, mas já sabia. O marido aprontava alguma desfeita. Pensado e acontecido. Dário chega à sala, de banho tomado e barba feita. Infelizmente, iria jantar na casa da mãe, que já o esperava. Coisa combinada de véspera. Foi o que disse sem olhar ninguém nos olhos.

Perfeccionismo de contador

SE DEPENDESSE DE DÁRIO, TODOS OS FILHOS TERIAM LETRA tombada para a direita, perfeitamente legível. Vogais e consoantes com seus avanços para baixo ou para cima, tudo do mesmo tamanho. Números bem desenhados. Perfeccionismo de contador.

A contabilidade das empresas, haveres e deveres, naqueles tempos, era registrada em livros especiais, tudo feito à mão. Dário primeiro trabalhou como contador, em Ouro Fino. Depois na grande fazenda produtora e exportadora de café. Era responsável por todos os pagamentos, dos chamados colonos, trabalhadores que moravam na fazenda, aos prestadores de serviços — os carregadores de sacos até os vagões.

Em Arapongas, trabalhou para uma empresa também produtora e exportadora de café, ainda maior. O escritório era vizinho da casa enorme do proprietário e, numa das entradas do grande quintal, até bombas de diesel e gasolina havia para abastecer a frota própria de caminhões e utilitários, além dos automóveis da família.

Ruas abaixo do escritório ficavam os grandes armazéns, onde o café, produzido nas fazendas Scolari ou comprado de terceiros, era escolhido por um enxame de mulheres, isoladas em baias como as dos telecentros de hoje. O café tinha velocidade determinada para escorrer de um grande funil para a mesa das catadoras. Os grãos livres de pedrinhas e impurezas iam diretamente para a sacaria. As catadeiras ganhavam por produção, e o trabalho era sazonal.

Difícil ligar o adulto e velho ranzinza à doçura do menino vestido de *balilla* na foto que guardo entre as folhas de um antigo caderno de capa roída. Início da década de 1930. O menino aparenta dez anos ou menos. Sob o lema "Crer, obedecer, combater", crianças das cidades do Sul de Minas, redutos de italianos, eram levadas a acreditar na Grande Itália, a que daria emprego para todos e que reuniria seus filhos depois da grande diáspora do final do século XIX e início do século XX.

Os *balillas*, pequenos soldados do fascismo, desfilavam aos gritos de "A noi!", de braço estendido e mão aberta. Aprendiam hinos patrióticos italianos; aprendiam que Hitler era o maior amigo de Mussolini, *il Duce*. Os maiores inimigos? Inglaterra e Estados Unidos. A doutrinação moldou para sempre o entendimento de Dário sobre o mundo. De um lado, o bom, e do outro, o mal. Sem meio-termo. Apesar dessa inclinação ao totalitarismo, sempre teve grande senso de justiça social. Os filhos nunca o viram destratar pessoas pobres e mais humildes. Para elas, reservava paciência e compaixão que não demonstrava pelos demais, nem para os mais chegados. Odiava a ditadura, os generais do Golpe de 1964, mas porque os militares brasileiros chegaram ao poder com apoio norte-americano. Se o apoio fosse dos soviéticos, não estaria na oposição.

Foram essas políticas duras, solidificadas, inflexíveis, que começaram a abrir o fosso entre Dário e os filhos que, adultos, deixaram de ouvir, pacientemente, considerações políticas equivocadas como se fossem verdades absolutas, dogmas. Muito triste, porque homem culto, estudado, dado a leituras, bem informado, exposto como poucos às mudanças que ocorriam no mundo. Quando morreu, em 1993, não havia mais sequer o Muro de Berlim. Mesmo assim, permaneceu no culto ao socialismo, que nunca reconheceu fracassado. Nas competições internacionais, torcia sempre para China, Cuba e atletas dos países da União Soviética.

Dário, se estivesse em Pequim durante as Olimpíadas, no Estádio Ninho de Pássaros, seria aquele que ergueu, na cerimônia de encerramento dos jogos, a bandeira com a foice e o martelo da antiga Alemanha Oriental. Não o recrimino mais. Na minha vida de trabalho, sempre encontro pessoas de pensamentos bem parecidos, até os mais jovens. Pessoas antiamericanas, pró-Irã, defensoras de Fidel Castro, que acham ditaduras de esquerda melhores que as de direita. A compaixão e a tolerância que não consegui exercitar com meu pai em vida, agora tenho com quem lhe continua semelhante.

Noite em azul e prata

EM 1955, MORÁVAMOS NA VILA PRUDENTE, EM SÃO PAULO, NUMA casinha de fundos: quarto, sala, cozinha e banheiro. Quintalzinho cimentado. No meio do terreno, uma casinha ainda menor, onde morava o pai do proprietário, sapateiro manco que, ali, exercia seu ofício. Na frente, a casa melhor, com jardim e tudo, era alugada bem mais cara para uma viúva com duas filhas e um filho. Todos operários, desses de saírem para a fábrica às cinco da manhã, com marmita debaixo do braço.

Dário trabalhava como artefinalista numa grande gráfica, especializada em rótulos, embalagens, calendários. Ele que sempre desenhou, esculpiu e fez aquarelas, aventurou-se, em São Paulo, para uma técnica que avaliava mais difícil, o da pintura a óleo em tela. Tinha as tardes de sábado e os domingos inteiros livres, e o que quase sempre fazia era escrever, desenhar ou pintar.

Às vezes, inventava de brincar comigo e minha irmã mais nova. Sempre brincadeiras de meninos: lutar boxe e empinar papagaios que ele mesmo fazia, coloridos, de longos brincos. Fazia as próprias carretilhas, verdadeiras engenhocas de caprichoso carpinteiro, e nos deixava enrolar e desenrolar a linha.

O trabalho de fazer pipas é fascinante. Da compra de papéis de seda coloridos à organização das cores. Achar madeiras flexíveis para as varetas. Ajustá-las num arco perfeito. Arrumar o balanceamento certo das rabiolas e dos brincos, que, sem isso, a pipa não empina, mesmo com todo o bom vento do mundo. Fazer o grude de polvilho para a colagem.

111

Do que Dário gostava mesmo era montar um pequeno cavalete na mesa da sala e ali ficar pintando, assobiando e fumando, até que o almoço, o café da tarde ou o jantar estivessem prontos. Do primeiro quadro a óleo que pintou — escapou várias vezes da lata do lixo —, o que mais gosto é do prateado do luar banhando a paisagem em azul noite. Da janela da casinha humilde iluminada por luz mais quente, amarelada.

Tanta beleza e magia na simplicidade desse quadrinho! A paisagem emana certa religiosidade, captada das pinturas clássicas que ele tanto amava. Em vez da casinha, poderia estar ali Jesus adulto, meditando, como nas estampas que enfeitavam antigas salas de visitas.

Saudade que não passa

12 DE MAIO DE 2009. FAZ DEZESSEIS ANOS QUE O TELEFONE TOCOU pela manhã. Alguém me avisava. Dário fora encontrado morto em casa. Nem chorei de imediato. Entendi, então, que sentir o sangue gelar nas veias não era apenas força de expressão.

Quando o encontraram — foi o que me disseram —, parecia estar dormindo debruçado na mesinha do corredor. O rosto apoiado sobre um dos braços, como se houvesse cansado no caminho do quarto até a cozinha e sentado ali para descansar um pouco. Recostou e dormiu. Para sempre. A única aparência de que não estava dormindo, já à primeira vista, disse minha irmã médica, foi o braço esquerdo largado sem movimento.

Avisados, meus irmãos chegam e tomam as providências. Quem colocou o pai na cama antes de o corpo ser retirado do apartamento? Quando cheguei, ele estava lá. Parecia dormir. O rosto sereno sem sinais dos sofrimentos dos últimos anos.

Na noite anterior, ao chegar do trabalho, telefonei pra ele. Ninguém atendeu. Liguei, em seguida, para minha irmã. E dela ouvi que não me preocupasse. Muitas vezes, ao não conseguir contato, Vera se desabalava para saber o que havia acontecido. Encontrava-o sentado no *hall* do bloco, conversando com o porteiro, mesmo de madrugada.

Não sei se meu pai teve a melhor das mortes, mas tudo indica que teve uma passagem tranquila. Talvez nem tenha se dado conta do que acontecia. Confio no diagnóstico de Vera. Parada cardíaca fulminante, provocada por anos de insuficiência respiratória. Sempre fumara demasiadamente, daqueles de acender um cigarro atrás de outro.

Pode ter sido uma morte serena, o que não me consola. Queria estar presente ou que ao menos alguém estivesse na hora do adeus final. Mas logo penso de como isso fora impossível. Tantas

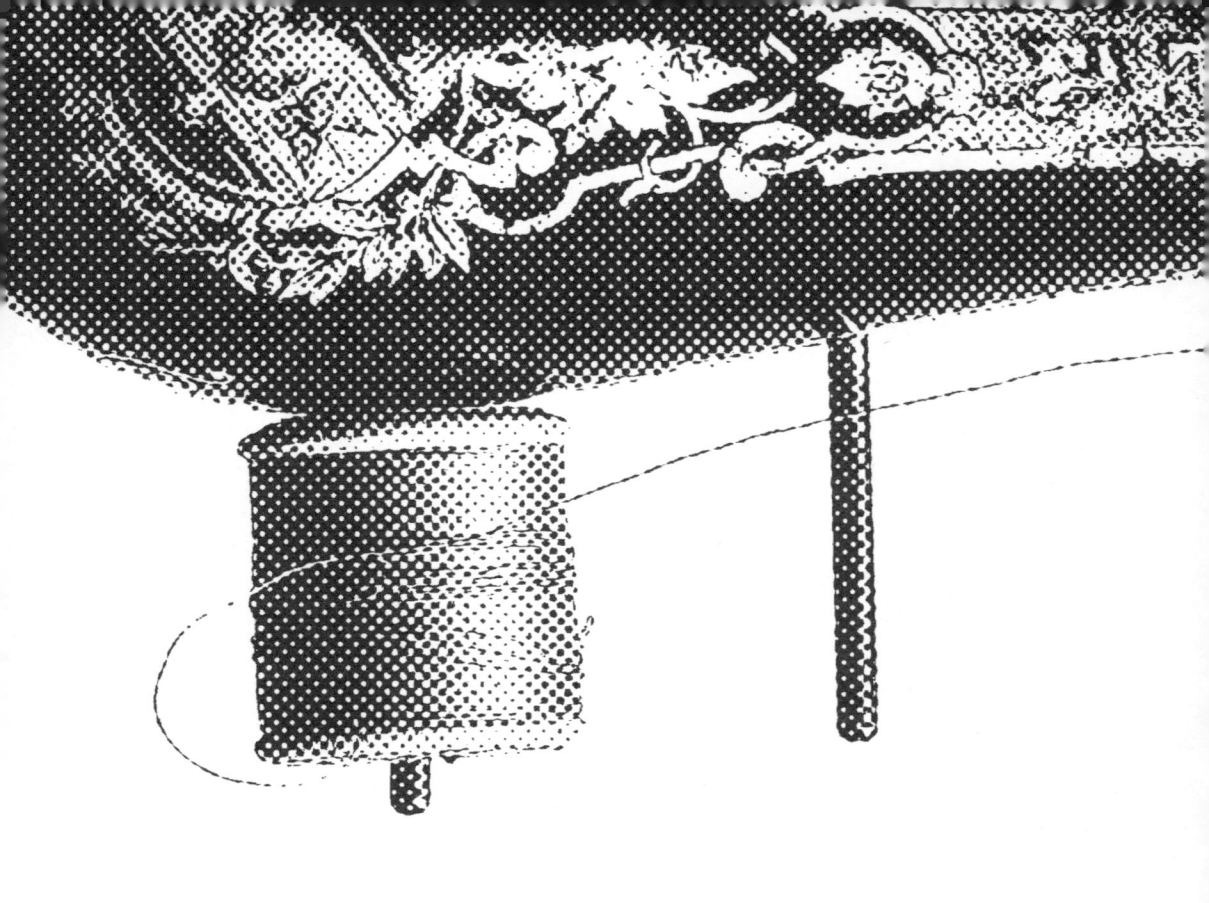

vezes levei meu pai para minha casa, para perto de mim e da neta! Verdadeira mão de obra a mudança. Não eram só ele e as roupas, mas toda a tralha que usava para pintar, remédios e tudo aquilo que precisava ter à mão.

Fazia a mudança pela manhã e à noite, ao retornar do trabalho, simplesmente ele havia chamado um táxi e ido embora. Foram tempos difíceis para toda a família. Mas cada ano que passa, sinto-me mais próxima das suas verdades, devaneios, aflições e até delírios. O amor por ele só cresce. É saudade que não passa. Para Dário, as rosas eram as flores mais perfeitas do mundo e vivia a pintá-las. Hoje, tirei fotos de algumas dos jardins da quadra em frente do prédio onde trabalho. São para ele.

114

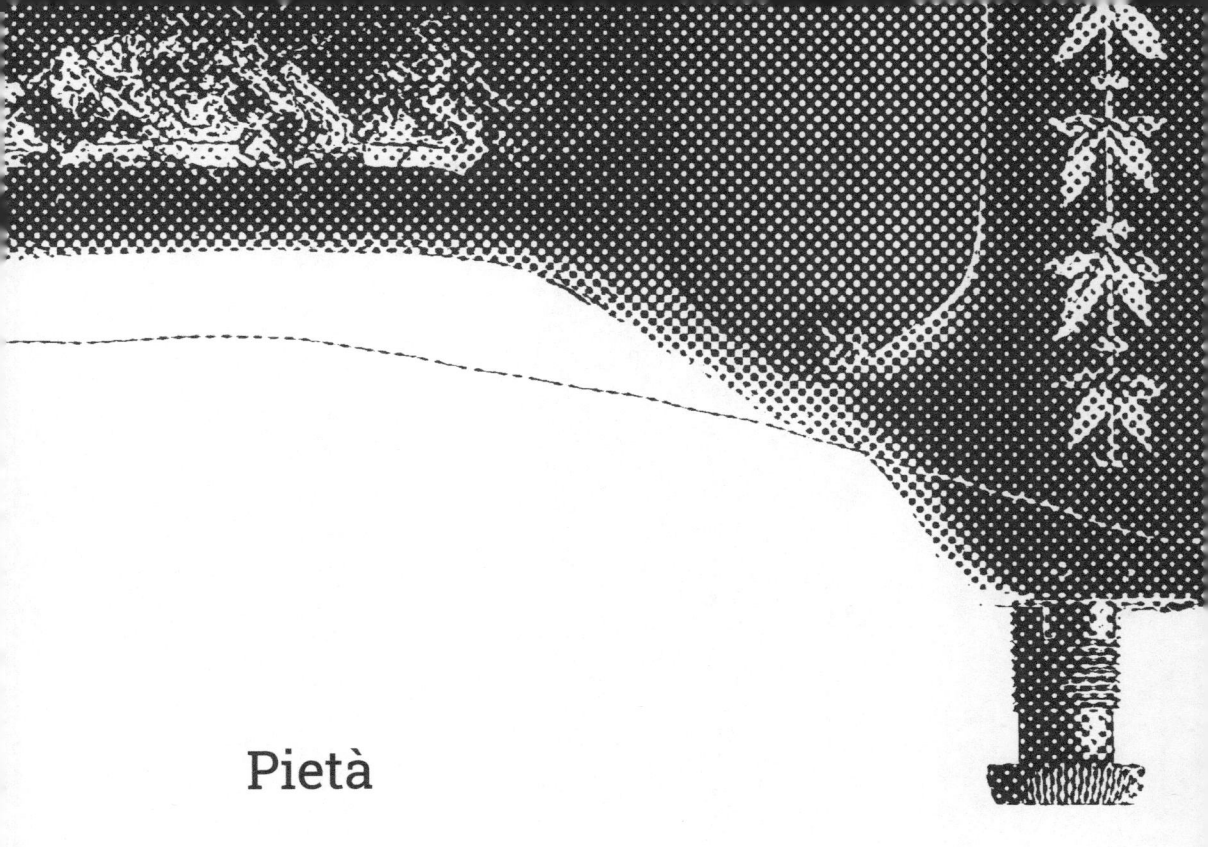

Pietà

TENHO MEU PAI MORTO NO COLO. É MEU FILHO. EU, A MATER dolorosa de olhos secos. Um dos seus braços cai, lânguido, e quase me alcança os pés. Sou a mais desesperada filha neste Vale de Evas. Os deuses fecham os olhos para a humanidade de meu pai, que se esvai, esfria.

Nunca mais o cigarro entre os dedos amarelados pela nicotina. Um já se apagava e outro pronto para ser aceso. Nunca mais imprecações, blasfêmias. Nunca mais almoços tensos de domingo. Pavio curto. Voz de tenor.

De repente, meu pai se levanta, me arrasta e me empurra para a escuridão eterna de seu túmulo. Eu canto aquela canção pra ele. Canto e me liberto. A canção que ele nunca quis que eu cantasse.

Além das cortinas, o infinito azul

Perder o que inventei
a teu lado, nem foi assim
tão, tão absurdo!
Lágrimas correram
feito mel em Taormina.
Queimados pelo magma
do Etna, poemas suspiram
a música final. Perder não
é assim tão difícil
de aprender, embora pareça
sempre um desastre.

Choro sem conformação

A MANHÃ TOMAVA RUMO E NÓS ALI, NA PREGUIÇA DO QUENTINHO do nosso quarto de Bom Despacho, esquecidas do comprido da viagem dos dois últimos dias. Ainda debaixo das pesadas colchas coloridas, todas vindas de teares das redondezas. As tecelãs tinham tanta precisão de tudo que, quando dona Regina dizia estar sem dinheiro, pediam qualquer coisa em troca: sabão, farinha de mandioca, açúcar. Até torresmos de dias, já murchos, eram moeda de troca.

Depois da janela, toque-toques de sapatos e o arrastar de chinelos do vaivém das calçadas. Cachorros dos vizinhos rosnam e latem endiabrados, como se não dormissem quase juntos toda santa noite nem disputassem os mesmos restos de comida das latas de lixo todo santo dia. De repente, gritos e choros nos chegam da cozinha. Foi um levanta-corre esbaforido. Aos tropeções já estamos, num minuto, em pijamas e desgrenhadas, diante da tragédia inesperada.

Dona Maria das Mercês, a faz-tudo da casa, aprontava a mesa do café da manhã com o pensamento já no feijão para cozinhar na panela de pressão, daquelas bem grandonas que o uso encardiu, quando viu o miquinho de estimação da família morto, esticado, durinho e frio em meio aos fios desencapados da velha geladeira. O alarde que fez arrebanhou, de imediato, a meninada de casa e a molecada da rua. Mesmo em dia de férias, acordam cedo em algazarras para desespero da moçada que virou a madrugada em converseiras sem fim.

Crianças num choro sem conformação. Choramos também e, quando deu coragem, tratamos de nos afastar, depressinha, daquela sofrência toda. Choro de criança e bichinho morto, tudo difícil demais de se aguentar assim de perto. O peito fica espremido de um tanto que o coração parece saltar pela boca.

Primeiro, a Praça da Matriz — muito branca, de torres e cúpula. Depois, o colégio onde Marisa estudou e conheceu o primeiro namorado. Subimos e descemos morros. Passamos pela vila militar de casas todas iguais. Continuamos. Agora, casinhas de uma janela só, de uma porta só, que se abrem coloridas e cheias de ranhaduras direto para as calçadas.

Senhoras e mocinhas apreciam o quase nadinha do mundo que ali acontece e desacontece, cotovelos fincados nos parapeitos das janelas. Dona Linda, conhecida da família de Marisa, nos dá bom-dia. Blusa estampada, o lenço vermelho na cabeça esconde, não todos, rolinhos que só seriam desmanchados à tarde, diante do espelho descascado do quarto.

Nas barbas
da vizinhança

DONA LINDA DE CABELOS ENROLADOS DE DIA, VISITA NOTURNA na certa. Na hora da novela, quando a rua se distraía com mais um capítulo, o padeiro da esquina fechava o negócio e escapulia para lá. Pronto, só ouviam a batida da porta. A viúva sequer acendia a luz da sala. Dizia que por economia. Mas era por safadeza mesmo.

Vizinhos da frente revezavam-se, então, no dorme-acorda para registrar o momento da saída do desavergonhado. Que nada! O padeiro sempre dava um jeito de desaparecer por algum muro dos fundos. Cachorros latiam. Quando as luzes se acendiam, nem sombra no quintal. Ninguém nunca viu, mas botavam a mão no fogo que tais visitas aconteciam. Nas barbas da vizinhança.

Para quem dona Linda arrumava os cabelos só pode ser a razão de tantas idas à padaria, que também tinha prateleiras de secos e molhados e, dia sim, dia não, verduras e frutas trazidas pelos roceiros daquelas bandas. Não comprava de uma vez as necessidades do dia. Buscava o pão da manhã e se esquecia da linguiça do almoço.

No meio da tarde, Dona Linda também dava um jeito de ir lá comprar qualquer coisa, mesmo uma caixa de fósforos. As visitas noturnas do padeiro coincidiam sempre com as dormidas da filha Marisol fora, por pedido da patroa ou própria decisão. Sempre em noites diferentes para dificultar a vigilância. Ô povo sem nada para fazer além de prestar atenção na vida alheia!

O olhar perdido de dona Linda, nem velha, nem moça, me acompanha pela vida. Nenhum horizonte depois daquela janela emperrada, amarelo desbotado. Carrego comigo também o choro da meninada no adeus ao miquinho que até horas antes era só estripulias e espertezas nas bananeiras, abacateiros e goiabeiras das redondezas.

Trilhos abandonados

O SOL É SÓ UM RASGO NO CÉU. ESTRELAS NO TREME-TREME fraquinho do aparece-esconde. Outra vez, a madrugar pelas ruas de Bom Despacho. Caminhamos seguindo os trilhos abandonados da antiga estrada de ferro. Quando crianças, o homem mais poderoso dos nossos mundinhos era o guarda-chaves! Tinha o poder de colocar, nos trilhos certos, trens de passageiros e de cargas. Locomotiva e tantos vagões serpenteavam, preguiçosos, pelas margens que pareciam sem fim de rios e montanhas, antes de entrarem, barulhentos feito festa, nas cidadezinhas do Sul de Minas.

O uniforme conferia autoridade ao guarda-chaves, sempre armado de lanternas e ferramentas especiais. Cumpria tarefas com os trens ainda longe, seguindo ordens do telegrafista. Quando o trem apitava na chegada, já estava de volta a seu posto na estação. Uma pequena casinha de madeira o abrigava nos dias de chuva.

Tudo acontecia antes ou depois das demoradas manobras dos trens na linha de ferro que divide a parte da cidade de Ouro Fino que escala o morro para além da Matriz da que se espalha, no plano, morro abaixo com suas ruas e a avenida na direção dos sítios e das fazendas. Nossa diversão de criança era acompanhar engates e desengates de vagões e locomotivas; as bocas das fornalhas das Marias Fumaças sendo alimentadas a pás de carvão. Gostávamos de dar adeus aos que iam, até que cabeças, braços e lenços desaparecessem depois da primeira curva.

Seguindo, agora, os trilhos abandonados de Bom Despacho, chegamos à saída da cidade e, dali, escalamos um morro bem alto. O vento lá em cima, frio, forte e bom. Abrimos os braços. Nossos cabelos compridos levitam e, logo em seguida, são ninhos de tão embaraçados.

Havíamos encontrado o templo para nossa devoção a Éolo, que vinha de alguns anos, desde que lemos *O iniciado do vento*, de Aníbal Machado. Vimos também, várias vezes, o filme inspirado nesse livro. Foi quando começaram nossas saídas desvairadas por Taguatinga, em meio a prenúncios de tempestades. Chegávamos encharcadas em casa para desespero de nossas mães.

— Meninas sem juízo! Se ficam doentes, não faço nem chazinho. Onde já se viu? Muita destrambelhação. Nosso Senhor Jesus Cristo!

Mesmo na seca do Planalto Central, corríamos pelas ruas poeirentas, braços abertos a implorar ao deus de todos os ventos. Que ele nos abraçasse e nos levasse para bem longe dali. Que nos salvasse de qualquer vida conhecida, que nos cortasse as amarras. Sabíamos suas filhas. Não queríamos o desterro de terras altiplanas, nem de vales verdejantes, nem de colinas mínimas. Montanhas de Minas, orai por nós. Queremos também as falésias e os penhascos do Egeu, queremos a vertigem dos abismos.

A ventania arrefece. Abro os olhos. Pequenina, a cidade desenha-se entre a branca bruma que se desfaz. O sol leva embora o frio da manhã. Inventamos história para as casinhas mais tristes. Também para as mais bonitas. Descemos e continuamos a andação sem rumo. "Muito se aprende com as longas caminhadas." Li isso, não sei quando nem em qual livro.

Janela para
o paraíso

OS CENÁRIOS MAIS LINDOS QUE ENVOLVEM OURO FINO DESCOR-
tinam-se do cemitério, que fica numa das colinas da cidade. "Não
perguntes por quem os sinos dobram, eles dobram por ti." O cemitério, minha grande janela para o paraíso quando, bem pequena,
acompanhava vó Ina na visita semanal a seus mortos mais amados:
o marido Giuseppe, a primeira neta, Neusa, e o filho Ido Pellicano.

O marido morrera em 1935, aos quarenta e dois anos, do coração, numa noite de tempestade. A primeira neta, depois de muitos
dias de febre, aos dois, em 1937. Foi meningite, dizem. O filho, dos
rins, aos trinta e um anos, em 1949. Deixou-lhe seis netos e a viúva chorosa pela vida inteira. O genro, pai de Neusa, ao ver a filhinha morta, pegou o revólver que guardava no escritório de casa.
Foi para o quintal e ameaçou se matar, num choro gritado. Foi fácil
tirar-lhe a arma das mãos trêmulas. Neusa morou vestida de rosa
e branco, durante décadas, num grande retrato emoldurado acima
da porta sempre aberta que ligava as salas de visitas e de jantar da
casa da avó e tios maternos. Nenhuma lembrança dela foi possível
na casa dos pais. Dolorosa demais.

Subíamos o morro até a Igreja Matriz e de lá virávamos à esquerda em direção ao Bairro Alto. Já na entrada do cemitério, vó Ina
dava início ao sem-fim de rezas em intenção dos mortos da família,
de conhecidos e até daqueles com os nomes já apagados nas lápi-
des de túmulos sem vestígios de qualquer saudade.

Caminhava por alamedas de jacarandás floridos em azul e branco a distribuir velas acesas sobre os mármores lavados, um dia, em lágrimas. Velas em intenção de Todos os Santos e almas do Purgatório, porque as do céu já têm luz mais do que suficiente. Para as do inferno, nada. Se a condenação é eterna, puro desperdício.

Vó Ina sabia muito bem evitar os túmulos daqueles que certamente ganharam o fogo eterno. Um deles era o fazendeiro, seu vizinho, que morreu pedindo a chibata para castigar os negros da fazenda. Ritual cumprido, seguíamos para dedos de prosa e café ralinho com a tia Antônia, que morava ali pertinho.

Vento, ventania!

AGOSTO DE 2009. AS MONTANHAS QUE VEJO AO LONGE, EM silêncio, desta janela de hotel, em Florianópolis, contam-me histórias das estradas que as recortam e dos que por elas viajaram quando apenas afloravam para definir destinos antes somente desenhados em papel, adivinhando-se rios e vales. Nasceram da busca de tesouros que a natureza escondia. Da terra capaz de sustentar o rebanho sob os rigores do inverno e plantações que avançassem muito além do que os olhos alcançam.

Desses primeiros caminhos, rasgados há séculos, regados a lágrimas e suor escravo e imigrante, derivaram tantos que, hoje, nem se contam mais. Antes das estradas, trilhas abertas por facões, foices e baionetas. Em Minas e pelo país todo, trilhas ancestrais são rastros de sangue dos primeiros habitantes. De repente, esmeraldas! Ouro de mina, ouro de aluvião. Capelas, povoados, donos do pedaço e seus jagunços. Naqueles tempos, de floresta fechada, os rios corriam nas sombras. As águas esverdeadas, de tão frias, trincavam ossos.

Desta janela de hotel, as montanhas que vejo ao longe trazem de volta o azul do mar de montanhas de Minas e meus olhos são novamente os da criança que fui. Azul tecido de infinito, de passado, presente, do que virá. De eterno.

O vento que faz dançar as cortinas das janelas, varreu montanhas e vales, ouviu os segredos das cidades, dos que as habitam, das árvores dos quintais, das plantações das roças e das fazendas. Nada sabe do outro vento, ventania, o que te levou, Pedro, de mim pra sempre. Nada sabe deste meu amor por você que sobrevive em outros braços. Vento, ventania. Traz e leva, Leva e traz. Leva e esquece, deixa pra trás.

126

Mágica
de enganar
menino leso

NOVEMBRO DE 2009. DE BRASÍLIA A SÃO PAULO, A CAMINHO DE Chapecó, Santa Catarina. Viagem a trabalho. No azul do céu, acima do branco das nuvens, o humano teatro perde importância. Daqui, deste ponto, eu poderia decolar, de fato, para algum lugar fora da paisagem que ainda se vê acima do topo do mundo. Navego num mar de claras em neve. Pastoreio rebanhos de nuvens andarilhas.

Nuvens, paixão de infância. Guardam enigmas indecifráveis. Camadas e mais camadas de algodão-doce dissolvem-se no aquarelado azul. Uma janela se abre em meio às bolotas de algodão, e a cidade ainda está lá embaixo. Mas é outra cidade, aquela que nunca vi, nem em sonhos.

Outra janela se abre, e uma mancha verde se espalha num leque de tons e semitons. Casas se dispersam e se juntam como se fosse mágica de enganar menino leso. Cidades aparecem, desaparecem e aparecem de novo. Brincam de esconde-esconde.

Muita, muita água, ilhotas, vegetação. Avião faz curva, muda de direção, um entra-e-sai num mundo de algodão. Aparecem estradas, telhados de grandes galpões, pátio repleto de carros, alguns edifícios mais altos, fábricas.

Superestrada de oito pistas... Duas grandes piscinas, conjunto de edifícios pobres. Outra grande mancha verde enfeitada por copas prateadas de árvores mais altas. Prédios feios. Terreno com o que sobrou de uma grande demolição. Descendo, aterrissando. O avião toca o chão sem solavancos, velocidade adequada. Perfeito!

Senhoras e senhores, bem-vindos a São Paulo, Aeroporto de Congonhas. São dez horas e vinte minutos, horário local. Desembarque, só pela porta da frente.

Minas viaja comigo

VEJO MINAS NAS PAISAGENS E PESSOAS DO BRASIL E DO MUNDO. Minas viaja comigo. Posso reconhecê-la até nos alfaiates da medina de Tânger. No Marrocos, costurar e bordar são ofícios masculinos. São bem poucas as mulheres que têm negócios públicos no ramo. De manhã, à tarde e até de noite, estão a trabalhar e não se incomodam quando observados pelos passantes.

Sentam-se sobre uma das pernas, falam baixinho. São encantadores na prática diligente desse ofício milenar, grande parte ainda feito à mão, apesar das máquinas de costura ali disponíveis. Fazem a tradicional *djellaba*, traje largo e comprido, com mangas, usado por homens e mulheres. Podem trazer também capuzes que protegem do sol, do frio ou da chuva.

Cumprimentados, levam a mão ao coração e abaixam levemente a cabeça. Os artesãos das medinas do Marrocos, que vi em 2018, costuram, fazem sapatos, consertam panelas, fazem pratos e canecas de latas vazias que iriam pro lixo. Irmãos dos que praticaram os mesmos ofícios, na minha Ouro Fino de menina, vivem sempre comigo.

Lembro-me da primeira vez que as cidadezinhas de Brazópolis, Piranguinho, Piranguçu, Paraisópolis, Conceição dos Ouros, passaram a fazer parte do meu mapa do Brasil. Todas derivadas da conquista de sertões, da submissão dos Cuietés. Geradas por fincadas da Cruz e do sangue derramado. Tiveram todas, de batismo, nomes santos que não sobrevivem na lembrança de quem as habita. Só na pouca história escrita.

Verão de 1967, íamos de ônibus, meus primos e eu, a um casamento em São Lourenço. Horizontes, curvas, montanhas e céu descortina-

vam-se para dentro de Minas. Em Brazópolis fica o Observatório Picos dos Dias, numa altura de 1.864 metros, cercado por Mata Atlântica nativa. Foi comprado no final da década de 1960 da Alemanha Oriental, em plena ditadura militar, e pago com exportações de café.

Criança, viajei muito com meus pais, de ônibus ou de trem, sempre saindo das Gerais em direção a São Paulo e, depois, Paraná. Brasília mostrou para nós, *mezzo* paulistas, a Minas do pão de queijo e dos falares que comem letras e sílabas inteiras, a que vai de Belo Horizonte às bandas de Diamantina, já na boca do Jequitinhonha, começo da Minas baiana. Mostrou-nos também a Minas goiana que começa em Paracatu, onde já se come pequi.

Minas, como se diz, são várias. Tem também a carioca que começa em Juiz de Fora. A capixaba, já mais perto das praias de Guarapari, Manguinhos, Setiba, Piúma e Riacho Doce. Mineiro não gosta de mar bravo. Gosta de mar clarinho, coqueiros e falésias. Encontra tudo isso no Espírito Santo e também na Bahia. Minas é o Brasil e meu mundo inteirinho.

Bem-vindo ao nosso lar!

NAS CIDADEZINHAS E NOS POVOADOS DA MINHA INFÂNCIA, manhãs de inverno envolvem telhados em névoa. Nos meses de chuvarada, tudo que é barro e madeira respira umidade. Fumaça voa em espiral de cada chaminé. Pequenos vasos de folhagens enfeitam calçadas, ao lado de outros maiores, bem grandes, de espadas-de--são-jorge, comigo-ninguém-pode, plantas de proteção.

Acima, ao lado da porta, dinheiro-em-penca que dá sorte. Nos vãos dos meios-fios e das gretas das calçadas, tufos de marias--sem-vergonha, planta que não carece de cuidados, nem mesmo de plantio. Nascem e vivem assim ao léu e se agarram a qualquer pedra que lhes reserve um pouco de umidade.

Quem chega é "bem-vindo ao nosso lar, mas limpe bem os pés". A porta se abre e o coração flamejante da Imaculada nos acolhe. Ao lado, o coração do Filho, coroado de espinhos. Em outra parede, o Espírito Santo derrama bênçãos, envolto em fitas coloridas e flores de papel-crepom.

Há as casinhas de chão batido, de chão de tijolos já gastos e as de chão cimentado. Telhados sem forro e telhados forrados. Paredes barreadas ou caiadas. Janelas com ou sem vidraças. E tem aquela "pequenina, onde o nosso amor nasceu, com um coqueiro do lado que, coitado, de saudade já morreu".

Toda criança de Minas desenha a paisagem inicial que a acompanhará pela vida toda: casinha emoldurada por montanhas, sol que desponta ou já vai caindo, árvores e um caminho de florezinhas do portão da frente à escadinha, não mais que três ou quatro degraus, que leva ao alpendre ou direto à sala.

Mar azul de montanhas descortina-se logo depois das mangueiras e abacateiros, onde moram sabiás fujões. Fizeram buraquinhos nas gaiolas. Voaram, voaram, voaram. Ganharam os céus e as árvores. Pouco se importam com o desconsolo de quem chora, implora, lá no terreiro: "Vem cá, sabiá, vem cá!"

Casinhas de gente humilde das Gerais se parecem todas. As de Bom Despacho, Ouro Fino, Campo Místico, Capelinha ou Crisólia. Todas as casinhas de todas as bibocas do Brasil, todas se parecem. Casinhas brancas mesclam-se com as de coloridos descascados, que a umidade enfeita de musgo. Portas, janelas abrindo-se para calçadas e ruas. Muitas, porta e janela só.

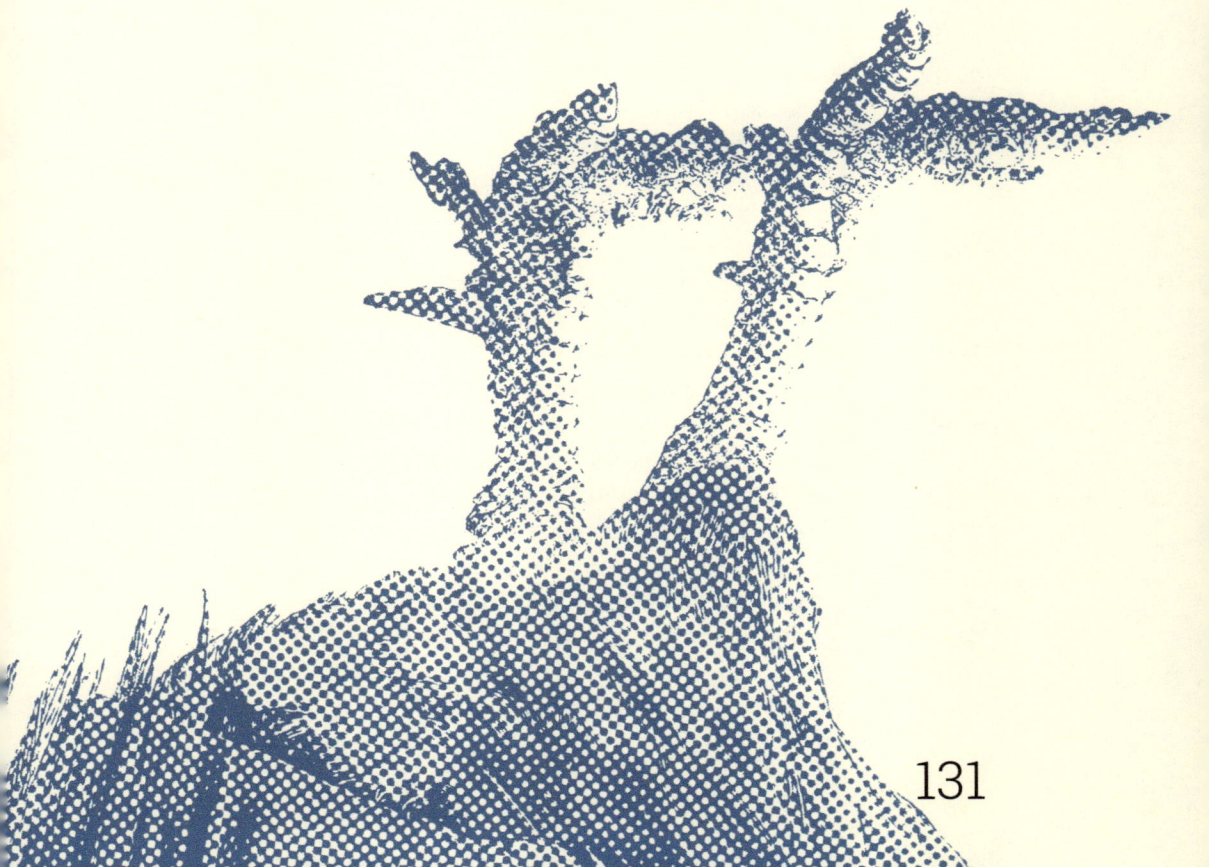

131

Do céu choveria fogo

BAILARINAS MENINAS, OUTRAS TANTAS QUASE VELHAS E AS bem velhas, pesadonas. Bêbados cambalhotam na praça da Igreja, ao som da banda lá no coreto. No Dia da Pátria, a escola marcha ao som da fanfarra.

Pelas esquinas, mulheres de aventais molhados tagarelam com as mãos na cintura. Mocinhas arrumadas, dão voltinhas, à espera de marido. Meninos vadiam. Poemas escritos em giz esparramam-se pelas calçadas. Gravados nos troncos cascorentos dos quintais, corações apaixonados. A flecha do Cupido já sem ponta e nomes que se apagam.

Na minha rua de criança tem uma casa amarela, outra rosa, outra azul-desmaiado. Um dia, quem sabe, foi roxa ou lilás. Uma bem branquinha, outra toda descascada e outra, mais outra e mais outra. Todas deixam a rua cheia de sombra e preguiça. São casas de gente que trabalha, que vive, de sol a sol, sob a chuva ou o frio sereno da noite, a duras penas. Mas que ainda trazem algum brilho nos olhos. Gente sem tempo de separar o joio do trigo, que trata a figueira estéril com o mesmo zelo da carregada de frutos. Lançam sementes ao vento. Se passarinhos não comem, flores nascem entre as pedras.

Se a verdade existe, mora nessas casinhas de paredes trincadas que insistem em ficar de pé. Na fotografia do dia do casamento, desbotada, sobre a cômoda de gavetas emperradas. Nas vasilhas quase cacos de tanto uso. Nesses corpos que envelhecidos, encardidos, ainda amam. Descaradamente. A mulher, os filhos, a cunhada, a vizinha, os amigos, os próprios vícios.

Tanta beleza pede para ser decifrada. A do cansaço das mulheres que trancam seus desejos no canto mais escuro da casa, enquanto filhos crescem e maridos voltam do trabalho para o prato feito de almoços e jantas em silêncio. Tanta força sustenta essas vidas que parecem sem sentido. Que se repete por ruas, quarteirões e cidades ao infinito. Mãos invisíveis, certamente, dão-lhes corda todos os dias, feito aqueles relógios antigos. Dão-lhes força que, catalisada, explodiria o mundo num final apocalíptico, bíblico. Do céu choveria fogo.

133

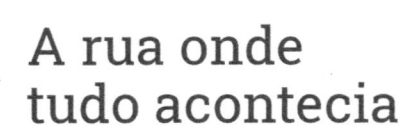

A rua onde
tudo acontecia

EMIL CIORAN, EM DOCUMENTÁRIO, DISPONÍVEL NA INTERNET, de Patrice Bollon e Bernard Jourdain para o canal público France 3, afirmou que trocaria todas as paisagens do mundo pelas paisagens da sua infância.

— O céu e a terra me pertenciam. Eu tinha a felicidade e sabia que a perderia.

O escritor trocou o romeno pelo francês, ao escrever para o mundo. E a troca foi sofrida, admite. Como se despir da língua materna na escrita, na vida? Mais do que trocar de pele. É trocar de sangue, de ossos. É ser um outro, com o espelho a mostrar o mesmo rosto que envelhece.

Estamos sempre nos despedindo do que fomos um dia. Nos despedimos do nosso dialeto familiar quando vamos à escola primária. Do nosso jeito de falar interiorano ao nos aventurar por cidades maiores. Para sobreviver longe de casa, adquirimos polidez linguística, impensável dentro de nossas antigas fronteiras afetivas.

Brasília mostra claramente a capacidade de adaptação do nosso falar. Na cidade plantada no cerrado do Planalto Central, todos os sotaques se suavizam. Palavras próprias de cada região misturam-se. Praticamos o sincretismo linguístico. O falar do brasiliense, de nascimento ou adotado, suaviza erres e esses, lapida os excessos cantantes, a rudeza de outros falares. Mas as lembranças dos que para aqui viemos, pequenos ou já adultos, nos chegam com os sons das igrejas e dos mercados, das nossas primeiras ruas, casas e quintais.

Em cartas trocadas com o irmão ao longo da vida, Cioram fala da rua de sua juventude, em Sibiu, perto do vilarejo onde nasceu. A rua tinha tudo o que ele precisava então: putas e biblioteca. A rua da minha infância são duas. Na verdade, uma com dois nomes, dividida pela linha férrea que não existe mais. Pra baixo da linha até o ribeirão é rua de um quarteirão só, a Wenceslau Brás. Pra cima da

134

linha até depois da Matriz, a Senador Júlio Brandão. Já antes de se chegar ao antigo Mercado Municipal, o cenário urbano fica pequenino diante das montanhas que se multiplicam ao fundo. Por ela se chega, vindo do alto ou lá de baixo, à rua principal, a Treze de Maio.

Antes da Matriz, é só dobrar à direita, assim que começam os jardins da praça, bem na esquina do antigo casarão dos Serras, e chega-se ao Grupo Escolar Coronel Paiva, onde estudei e estudaram meus pais. A Matriz foi elevada à categoria de Santuário, mas continua do mesmo tamanho. Ouro Fino é passagem de peregrinos a Aparecida do Norte. Caminho da Fé.

Gastamos muita sola de sapato rua acima, rua abaixo. Nosso mundo de criança e o da história do Brasil aconteceu nessa rua de dois nomes. Tem até a casa, onde, juram, foi firmado, na palavra, durante a chamada Primeira República, o tratado Café com Leite. Minas e São Paulo se revezariam na presidência do Brasil.

Na esquina de baixo, cruzamento da Rua Treze com a Júlio Brandão, era a Casa Ferrentino, de tecidos e aviamentos. Logo ao lado, a livraria do Seu Lomonaco. Passávamos as férias namorando as capas dos cadernos que escolheríamos para o ano escolar que só começava depois do Carnaval. Trazem capas tão lindas quanto as de livros. Mostram meninas de tranças ou de cabelos cacheados ao lado de tinas de madeira cheia de maçãs vermelhinhas ou de pêssegos rosados. Outra, de franjinha, com a boneca preferida. Meninos abraçados a cachorros peludos com a legenda "Bons companheiros".

Na esquina de cima, a Casa Alegria, o bazar da Dona Guaracy, uma senhora de corpo e sorrisos fartos. O marido também se ocupava do negócio e consertava nossas bonecas. Não tinham filhos e moravam no mesmo prédio. Tudo era comprado ali: agulhas, botões, vieses, linhas, lãs, papéis de presentes, brinquedos e até presentes para adultos.

Um dos quartos da casa da nossa avó materna era um bem montado ateliê de costura, bordados, de trabalhos em crochê e tricô. Naqueles tempos, era pecado ficar de mãos desocupadas, depois da pesada rotina de todo o santo dia. Lavar, cozinhar, passar, cuidar dos filhos pequenos, dos já mais grandinhos, dos velhos e doentes da família.

Tanto por costurar, remendar, fazer novo do velho, tricotar para o inverno, crochetar e bordar enxovais! Crianças, fazíamos várias viagens por dia ao bazar da Dona Guaracy, sempre com as encomendas por escrito das nossas mães e tias. E, muitas vezes, tínhamos que voltar para fazer trocas. Reclamávamos e, então, ganhávamos algum troco para gastar na sorveteria do Ádio, na padaria do Burza ou na São Judas Tadeu, ali bem perto.

O mundo era ali
e era bom!

APENAS A JANELA DO GRANDE QUARTO DA CASA ABRIA-SE DIRETO para a rua. Depois, a pequena sala, a cozinha e quintal. A porta de entrada, de frente pro muro lateral da vizinha, ficava logo depois de um portão cheio de cantorias de dobradiças e trincos enferrujados.

Uma escadinha de três degraus apenas dava acesso à sala. Era ali que gostávamos de estar, no verão, com nossos jogos de dados, dominó, cartas e varetas. Era ali que passávamos horas a jogar conversa fora até que nos chamassem para os biscoitos de polvilho, ainda quentes, recém-saídos do forno, com café fraquinho.

No quarto, cinco camas de solteiro perfeitamente arrumadas, cobertas por colchas brancas de crochê, a grande arte da Bisa. Nele dormiam, além dela, as netas que criou como filhas, Lurdinha e Gracy, e as bisnetas Dáia e Marta. Numa cadeira confortável, Bisa passava horas entretida com agulhas e linhas. Perto da porta, a penteadeira, onde as amigas da Dáia desfilavam, pela manhã, em dias de bailes nos clubes da cidade, para arrumação dos cabelos.

Sentados na escadinha da entrada, ajudávamos tia Lourdes na confecção de pequenas flores coloridas de feltro, que ela cortava com moldes de metal. Depois, montava pencas dessas florezinhas em um caminho de mesa, quase sempre verde. Fazia muito deles por encomendas, forma de ter sempre algum dinheirinho. Salário de professora, chegava a atrasar até seis meses.

A mãe dos meninos, Gracy, viúva, além de dar aula à noite, passava o dia fazendo quitutes sob encomenda, na pequena cozinha de fogão à lenha com grande e eficiente forno. Empadinhas das mais variadas massas e recheios e biscoitos. Também era especialista em roupinhas de tricô para recém-nascidos, naquelas corezinhas diáfanas. As em lã branca pareciam doces de coco. Todas em pontos dos mais trabalhados, difíceis de ser repetidos por outras tricoteiras da cidade sem receitas longuíssimas e bem explicadinhas.

Descendo a escada maior, a da cozinha, chegava-se à área de serviço e a mais um quarto, onde dormiam os filhos mais velhos, já rapazinhos, Zé Carlos e Ronaldo, e o banheiro. Descrevo essa casa que não existe mais. Simplesmente a derrubaram e nada construíram no pequeno terreno que só aumentou o quintal da casa ao lado, sem nada lhe acrescentar de beleza.

Era uma casinha sempre fresca, sombreada e perfumada de tanta limpeza e quitutes diárias. A sala, dividida ao meio por biombo, tinha uma estantezinha daquelas de parede, com preciosidades ao nosso alcance: revistinhas do Bolinha e da Luluzinha, cadernos de desenhos e estojos de lápis de cor. Abaixo da estante, uma pequena mesa de estudo. Depois do biombo, as camas dos meninos menores, Flávio e Galvão.

No pequeno quintal, chão de tijolos, passávamos o tempo ensaiando teatrinhos, números de circo e procissões. Bela Adormecida, o primo Paulo, de capa e espada, me acordava sempre com um beijo gelado. Ele morava em São Paulo e só nos encontrávamos nas férias. Os teatrinhos eram sempre no inverno. A diretora era a prima Marta. Flávio, outro primo, organizava procissões. Em andores enfeitados carregávamos os santos.

Quando escurecia, saíamos pela rua com velas acesas, cantando "meu coração é só de Jesus, a minha alegria é a Santa Cruz". Feita a grande volta no quarteirão, encontrávamos já pronta a fogueira feita pelos primos maiores. Eram noites de pipoca e batata-doce assada na brasa. Os mais velhos proseavam enrolados em cobertores. As crianças, só estabanação e correrias. Um cupido entregava mensagens aos que ensaiavam namoros.

Das procissões, amiguinhos da vizinhança toda podiam participar. Para os teatrinhos e números de circo cobravam-se ingressos, pagos com qualquer moedinha ou até mesmo caixas de fósforos meio ou totalmente vazias. Encapávamos essas caixas com papéis ou retalhos coloridos e com elas brincávamos de construir casas, igrejas, pontes e muralhas.

Arroz, prato nada trivial

PARA A MAIORIA DAS PESSOAS, ARROZ-DOCE É PRATO TRIVIAL, fácil de fazer. Ledo engano. Não há nada fácil de fazer em se tratando de arroz, mesmo o mais comum deles, aquele que acompanha o feijão nosso de cada dia. Em Minas, então, arroz é prato levado a sério! E o melhor que provei foi em Araxá, julho de 1990. Sim, na terra de Dona Beja, feito em panelinha de pedra, porções individuais. E o restaurante era desses chiques de tanta simplicidade e delicadeza.

O mais delicioso arroz-doce da minha vida inteira era o da bisavó da penca de meus primos-irmãos: Dáia, Marta, Cao, Nado, Flávio e Galvão. Essa senhora criou os filhos e depois duas netas órfãs de mãe com os rendimentos de uma pequena pensão para estudantes. Depois que as netas se formaram professoras, dedicou-se ao crochê e à ranzinzice. Não conheci senhora mais implicante. Bem mais velha, passou a viver com a família da neta Gracy, que fora casada com um dos irmãos de Elzinha. Conheci, então, a brabeza e as delícias da inesquecível Bisa, dona de uma receita inimitável de arroz-doce cremoso, sem acréscimos de creme de leite ou leite condensado, produtos ainda inexistentes nas prateleiras dos armazéns de secos e molhados.

Tínhamos, cada criança, direito a dois pires. Isso mesmo: dois pires rasos de arroz-doce. Um ainda morno, recém-saído da panela, e outro já frio, salpicados de canela. A espera pelo segundo pires era torturante! Bisa só os liberava depois que estivéssemos de banho tomado e jantado a sopa de verduras. Apostávamos entre os primos quem mais demorava para saborear tão divina e preciosa delícia.

O arroz-doce viajou primeiro, no século XIII, da Ásia para a Europa. Chegou ao Brasil com os portugueses, que lhe deram o amarelinho das gemas de ovos. Na Índia, é prato típico de festas de casamento.

139

Na Tailândia, leva coco e pode ser servido com fatias de manga. O que comprova que comer a fruta e beber leite, junto ou logo em seguida, não faz mal. Lenda, dizem, do tempo da escravatura no Brasil. Manga tinha muita. Leite, nem tanto.

Na Itália e na Bélgica, é uma espécie de bolo, quase um pudim, de casca crocante e bem úmido por dentro. Nas mais variadas versões, é figurinha recorrente e de sucesso. Em Lisboa, o melhor de todos experimentei em julho de 2012, no Solar do Vez, pequeno e simpático restaurante do Campo das Cebolas, de frente pro Tejo.

O Vez fica bem ao lado da Fundação Saramago, instalada na Casa dos Bicos, um palacete construído em 1523 por Dom Brás de Albuquerque, filho bastardo, depois reconhecido, do segundo governador da Índia Portuguesa, cargo equivalente ao do vice-rei Alfonso de Albuquerque, o Grande, o César do Oriente e Leão dos Mares, entre outras alcunhas. Pode-se imaginar a fortuna amealhada pela família.

A fachada, revestida de pedras em forma de pontas de diamantes, revela a influência de mestres trazidos da Itália. na arquitetura e decoração de interiores de Portugal, no século XVI. Outro exemplo: pisos e paredes com entalhes em mármores coloridos da Igreja São Roque, também de Lisboa, Joia das mais raras, legada pelos Jesuítas. Mas, desde sempre, as pessoas viram apenas bicos na fachada do palacete renascentista.

Visitantes têm acesso à exposição permanente sobre a obra de Saramago, às exposições temporárias e à biblioteca do escritor, ganhador do prêmio Nobel de Literatura de 1998. A completa restauração do edifício deixou à mostra resquícios da fundação original que estava ali submersa em pedras e estacas de madeira. No térreo, funciona o Núcleo Arqueológico do Museu da Cidade de Lisboa, que conta a ocupação da cidade desde os romanos até o século XVIII.

Cidades e
suas vaidades

OUTRO ARROZ-DOCE MAIS GOSTOSO DA MINHA VIDA TAMBÉM comi faz tempo em um bar de Curvelo. Seguíamos para as cidades históricas de Minas, de carro, nos perdemos, e lá chegamos.

O mais que perfeito estava à minha espera: cremoso e coberto de canela das mais cheirosas. Depois, ao darmos uma volta pelo centro, encontramos uma feira de comidinhas e artesanato. Em volta da praça, um único edifício altíssimo desencantava o lugar. E, com minha síndrome de repórter vinte e quatro horas, comecei a indagar sobre aquela obra desproporcional para a cidade. E, para espanto meu, não encontrei quem a reprovasse.

O edifício levara dez anos para ser construído com recursos da própria população, que comprara apartamentos ou pisos inteiros na planta. Não era fruto de delírio de alguns cidadãos de Curvelo, mas de muitos. Perguntei a um senhor mais velho qual era o objetivo de se construir um edifício tão alto em uma cidade que dele não precisava, com espaço suficiente para crescimento horizontal. A resposta foi inesquecível:

— O que a gente quer mesmo é que Corinto, que fica aqui pertinho, viva à nossa sombra! De verdade, ninguém precisa aqui desse prédio para moradia.

141

Lurdinha, a eterna

JULHO DE 2009. O PORTÃO ESTAVA TRANCADO. PELA JANELA entreaberta pra rua, gritei:

— Ô de casa!

Não esperei muito para que alguém abrisse a porta. Lá estava ela, quase aos noventa e três anos, crochetando sem óculos. Me reconheceu imediatamente.

— Você por aqui? Que bom! Como estão todos em Brasília?

Continuou no trabalho de arrematar em ponto delicado a toalhinha branca, presente para a sobrinha-neta. Nunca se casou, muito amou em vão. Escuta pouco, mas enxerga perfeito, de longe ou de perto. Disse-me que tem tratamento de rainha. Na hora do almoço, encontra o prato feito na mesa da cozinha com tudo o que gosta. No meio da tarde, quase sempre banana com mel e aveia. À noitinha, um lanche leve.

Não se importa de andar de bengala. Se o tempo está bom, arrisca um passeio pela calçada e critica quem, tão velho quanto ela, despreza tal apoio. Quem prefere andar se escorando pelas paredes da casa. Todas as amigas, professoras aposentadas, já morreram. Ela acaba de chegar de São Lourenço, onde mora a irmã um pouco mais nova. A mais velha morreu faz anos. Começa a lembrar como foi, mas muda de assunto.

De vez em quando, acompanhada do sobrinho, vai ao Mercado Municipal. E morre de rir quando um dos verdureiros a saúda:

— Dona Lurdinha, a senhora por aqui! Que maravilha! A senhora é eterna!

Lembra-se, no dia seguinte será aniversário do sobrinho mais velho. No sábado anterior, foi o da sobrinha de Belo Horizonte. Fica alegre com minha visita. Pedi de lembrança uma toalhinha de crochê, mesmo pequena, pequenininha. Disse que não tinha. Não dá nada pros que não são de casa. Nem vende. O crochê que faz tem destino certo: os sobrinhos, filhos das irmãs. Não os sobrinhos tortos como nós, os por afinidade, que colecionou pela vida.

Bananas, torresmos e o perfume que foi ao chão

NÃO, NÃO ERAM TODOS OS DIAS ASSIM. MAS, COM CERTEZA, AOS sábados, dia de mercado, não faltavam pão com torresmo e virado de banana nanica, no café da manhã da casa da família de Luíza Gubiotti. Muito madrugadeira, chegava para as compras com os feirantes ainda a montar bancas e a ajeitar mercadorias. A intenção era sempre levar pra casa as frutas mais viçosas e as verduras mais frescas.

Acompanhada do filho Paulo, saía ainda no escuro, e, quando voltava com as cestas cheias, a maioria das pessoas ainda estava a meio caminho do mercado. Chegavam em casa sem qualquer barulho para não perturbar quem ainda dormia. Barulho não se fazia, mas quando o cheiro do torresmo frito invadia a casa, milagre! Todos acordavam e de uma vez só. Enquanto os filhos saboreavam pães fresquinhos cortados ao meio para receber os torresmos, já aprontava o virado na frigideira.

Cortava bananas nanicas maduras em rodelas finas e as fritava com um pouco de azeite e sal até que começassem a desmanchar. Acrescentava, então, queijo e farinha de milho em quantidade da consistência preferida. Tem quem goste bem sequinho. Outros, molhadinho. Tem até quem goste de virado doce.

Na casa dos tios Amélio e Luíza não tinha isso de horário pra tudo, que infernizava nossas vidas de crianças. Conversavam com os filhos como se fossem gente pensante não gente sem opinião como nós, que levávamos beliscões traiçoeiros da mãe ou de qualquer mais velho, se ousássemos ficar ao redor escutando conversas.

— Chispem daqui! Fora! Que não tem essa de ficar de orelha comprida e olho esbugalhado ouvindo coisas que não entendem!

Éramos tratados assim pela família materna. Lá na casa da tia Lourdes, irmã do meu pai, que morava parede e meia com a Vó Quinha, também tinha muita coisa diferente. Depois do jantar, ninguém corria pra arrumar a cozinha. Todos ficavam ali jogando conversa fora, às vezes até depois da meia-noite, varando a madrugada, pitando e tomando café.

Certa vez, Amélio chegou de São Paulo com dinheiro no bolso e presentes. Para a mulher, trouxe o chique do chique: um perfume francês! Aqui reproduzo a história que ouvi, muitas e muitas vezes com algumas pequenas ou até grandes variações, que dependiam de quem contava e do tamanho e interesse da plateia.

O perfume francês, quando chegou de viagem, foi uma festa, um tal de mostrar para as visitas, de abrir o vidrinho para que esta ou aquela cheirassem um pouquinho. Até que alguém se descuidou e o perfume se espatifou no chão de ladrilhos hidráulicos, daqueles bonitos que só! A tia nem perdeu tempo em chorar sobre o perfume derramado, para horror de quem assistiu ao desastre. Simplesmente pegou uns panos no tanque e enxugou bem enxugadinho o chão da sala. Catou loguinho os cacos de vidro e mandou tudo, sem compaixão, para a lata de lixo, que cheirou à brisa dos céus por mais de uma semana.

Por muito tempo, a família ficou naquela ladainha de que Luíza deveria ter recolhido nem que fosse umas gotas. Uma colherinha, daquelas de açúcar, das mais pequeninas de todas, teria feito o serviço. Ou quem sabe algodão. O precioso líquido poderia ser espremido num vidrinho qualquer. Afinal, era um perfume francês, do legítimo! Poderia ser até, na pressa, numa xicarazinha dessas de café, Depois, era só arrumar na farmácia, correndo, vidrinho daqueles de remédio, com tampinha de borracha.

— Ensopar pano velho de perfume francês, que desperdício!

Mas há quem não dê fé ao desatino do perfume perdido e culpa, até hoje, a sogra de ter espalhado, entre os da família e os da vizinhança, o descaso pelo presente do marido. Sogra e nora nunca se deram espaço na mesma pinguela.

144

A donzela
e seu castelo

DE FORA NÃO SE VÊ A GRANDEZA TODA DO CASARÃO QUE SE DES-
taca na Avenida. É que a construção se prolonga pelo interior do
terreno, que também abrigava um depósito de fumo. O quintal, de
tão grande, poderia ser chamado de chácara. Chegava até o ribeirão
que corre ao fundo, antes de encontrar um morro. Na metade dele
funciona, atualmente, uma igreja evangélica.

Os janelões originais da outra metade foram demolidos para
instalação de duas grandes portas comerciais de vidro. As antigas venezianas, de madeira, ficavam protegidas do sol e da chuva.
Abriam-se para dentro. Esses janelões foram culpados pelo casamento precoce de Guilhermina. Ela, normalista, a mais velha da escadinha de onze filhos de Ernesto a Antônia. Filha adorada do pai,
se engraçou por um forasteiro sem eira nem beira. Dizem as más
línguas que Fernando de riqueza só tinha muita pose. Nenhum tostão furado no bolso.

Ernesto, vendo aquele gavião já de esporas crescidas, arrastando asas para sua franguinha, tratou logo de proibir o namoro. Queria que ela continuasse estudando. O forasteiro não teve dúvidas. E, sem medo de morrer, esperava que todos fossem dormir, que as luzes do casarão se apagassem e toc... toc... toc..., no janelão do quarto onde Guilhermina dormia com as irmãs.

Com apenas quinze anos, a donzela não se fazia de rogada, abria o janelão, sentava-se no beiral e ficava fio de horas conversando com o príncipe encantado, que de branco, não tinha o cavalo, mas o terno que vestia. E, assim, se vestiu a vida inteira, sempre de terno claro e chapéu. Se alguma das irmãs acordava, Guigui mandava logo que fechasse os olhos e voltasse a dormir e que, no outro dia, não falassem nada aos pais.

— Se falam morro de tanto apanhar de chicote — implorava de mãos juntas.

As meninas obedeciam. Quase nunca viam nada. Crianças dormem feito pedra. Nem balde de água fria é capaz de acordá-las, tanta algazarra fizeram durante o dia. Depois do banho, a sopa da janta. Camisolinhas, pijamas e já para a cama porque não tinham mesmo, naqueles tempos, o que fazer. Mas, por detrás das venezianas e cortinas das casas vizinhas, não faltavam olhos espiões. E as peripécias dos pombinhos chegaram logo aos ouvidos dos pais da donzela, que passaram a conviver com uma realidade aumentada a cada cochicho. Guilhermina não só abria a janela, mas permitia que o amado... oh!... pulasse para dentro do quarto. Ernesto e Antônia se sentiram injuriados.

Ao ouvir tantas histórias ao pé do ouvido, Ernesto pegou os pombinhos pelas golas e fez o casamento, despachando-os para tomarem conta da fazenda da família, que era imensa. Fernando conseguira, assim, bem rápido o que queria. A donzela e seu castelo. Guigui, pobrezinha, só queria namorar, não queria se casar, pelo menos não assim tão às carreiras para calar as más línguas e a fúria dos pais. Levou um susto quando se viu arrancada da escola e com um homem na mesma cama. Havia imaginado esse futuro ainda bem distante.

O dia em que deixou chorando, de charrete, a casa dos pais, para morar com o marido na fazenda, foi um dos mais tristes da vida dela e das irmãzinhas. Era de Guilhermina todo o carinho que tinham. A mãe vivia à beira do fogão, do tanque ou da tábua de passar roupas. Guilhermina nunca superou esse casamento precoce. O marido ganhou muito dinheiro com os negócios do sogro. Mimava a esposa, tão novinha, tão chorosa, com vestidos de rendas e sedas que trazia prontos de São Paulo, e até perfumes franceses.

Um dia, chegou-lhe com uma estola. Numa das pontas, a cabeça do bichinho com focinho e até dentes. Só os olhos eram de vidro. Na outra ponta, a cauda. Viajaram a Buenos Aires de navio. Nada apagou a tristeza nascida nos olhos de Guilhermina, bem naquele dia mesmo que deixou aos prantos e para sempre a casa dos pais, empurrada para a vida de casada que ainda não queria.

Música à janela

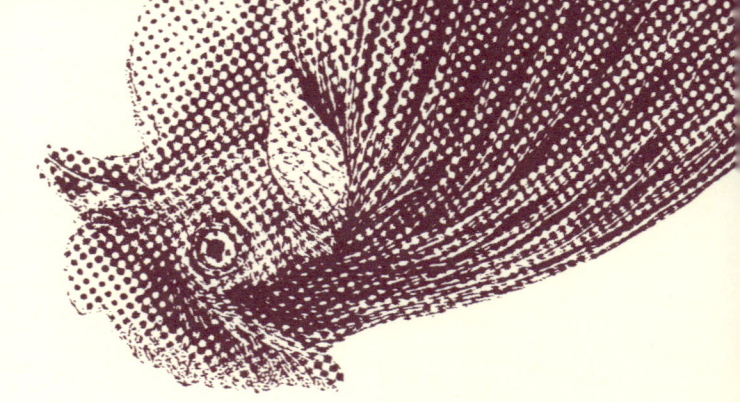

SETEMBRO DE 2009. O GRANDE PIANO DE CAUDA OCUPA QUASE toda a sala de jantar da casa de Julieta Burza. A mesma em que viveu com os pais e os irmãos. Nunca se casou. Nas paredes laterais, armários guardam a história da família. Uma pequena estátua de Victorio Emanulle III tem lugar de destaque. Na velha cômoda, o espelho de cristal de laterais franchadas, a ânfora e a bacia de porcelana, itens indispensáveis e de bom gosto nos tempos que lá se vão.

Na sala de visitas, outro piano, o que foi de Dona Luíza, mãe de Julieta. Tem acoplados, em cada lateral, castiçais para concertos à luz de velas, quando a energia elétrica era precária ou nenhuma. Em um dos cantos, o gaveteiro de partituras. Em cima, no estojo, o acordeom que Julieta levava para as aulas nas escolas públicas de Ouro Fino.

A pouca luz ambiente deu aparência trêmula e esmaecida às fotos que fiz, o que achei depois, bastante apropriado. Afinal, estava ali registrando o que passou e o que passou, não tem tanta nitidez assim.

No porta-retrato, João Belline Burza, irmão já falecido de Julieta. Médico, psiquiatra e neurocientista, amigo desde a juventude do ex--presidente Fernando Henrique Cardoso. Julieta e Joãozinho foram padrinhos de casamento do sociólogo. Décadas depois, só Julieta participaria, emocionada, da cerimônia de adeus à Dona Ruth.

Julieta formou-se pianista clássica pelo Conservatório Carlos Gomes de Campinas, São Paulo. Foi bolsista do Conservatório Santa Cecília de Roma. Também se formou advogada. O irmão estudara para médico cirurgião. Em São Paulo, ao saltar de um bonde em movimento, caiu e quebrou a mão. Nunca mais voltou a ter as habilidades necessárias ao ofício. Dedicou-se, então, à psiquiatria.

Depois do Golpe de 1964, passou anos exilado em Moscou. Conviveu longamente com Pyotr Anokhin, que teve a carreira acadêmica orientada pelo fisiologista Ivan Pavlov, Prêmio Nobel de 1904.

Anokhin deu importantes contribuições à cibernética e à psicofisiologia. A partir das relações estreitas com o cientista, Burza escreveu Cérebro, Neurônio e Sinapse, dirigido a médicos neurologistas e psiquiatras, fisiologistas, ciberneticistas, além de psicólogos, antropólogos e sociólogos. O livro permanece importante fonte de consulta até os dias de hoje.

Além de médico psiquiatra, era excelente músico. Tocava violino clássico. Em Ouro Fino, depois de retornar do exílio e de nova passagem por São Paulo, continuou sendo o Joãozinho de sempre para os colegas de Grupo Escolar, que nunca puderam alçar voos profissionais ou de estudos, fora da cidade. Sempre o filho de um alfaiate e de uma pianista que se conformou em apresentações apenas na própria sala, depois da lida de casa. Recebia os antigos amigos de infância para consultas gratuitas e participava de serenatas que emendavam a noite ao dia.

A mãe, muito católica, sofria por o filho ter se exilado na União Soviética, "país de gente comunista, que não acredita em Deus". Nunca se cansava de rezar o terço para que largasse mão do ateísmo. Morreu sem conseguir o milagre.

Durante as férias de estudante ou já formado, Dona Luíza escancarava portas e janelas da casa para que ele e Julieta ao piano, tocassem para os passantes da rua e os que se aglomeravam no jardim. As janelas, palcos improvisados, eram enfeitadas com toalhas bordadas ou de crochê, vasos de flores.

Mesmos em dias silenciosos, invadíamos o jardim de casa pé--ante-pé só para espiar os peixinhos de uma fonte pregada ao muro coberto de musgos, joaninhas, lagartixas, tatus-bolas, aranhas. Abelhas e borboletas faziam zunzum entre pequenos jasmins, narcisos, lírios e dentes-de-leão recém-abertos.

Água milagrosa

JULIETA FOI DEVOTA DA NOSSA SENHORA DE TODOS OS MANTOS, o que significa devoção a todas as Nossas Senhoras. Esteve duas vezes na Itália. Numa delas, atendeu ao pedido da mãe Luíza e, acompanhada de uma amiga freira, foi a Lourdes, na França, onde o milagre da aparição de Nossa Senhora aconteceu. Conta que recolheu água da fonte milagrosa, tesouro que guardou até morrer, em março de 2013, mesmo depois de tantas benzidas. Sempre renovado e santificado a partir da preciosa semente que trouxe de tão longe.

Quando Fernando Henrique era ministro da Fazenda de Itamar Franco, sua assessora, Ana Tavares, organizou um jantar com jornalistas. Ao saber que eu era de Ouro Fino, falou com saudades do amigo Burza, que pertencera ao Partido Comunista e foi um dos fundadores da Casa da Amizade Brasil/União Soviética, hoje Casa da Amizade entre os Povos. Ainda oferece cursos de russo e espanhol.

O Plano Real já estava sendo costurado e, por insistência dos demais repórteres, a conversa tomou outro rumo. Queríamos saber se a tal âncora garantidora da estabilidade seria só fiscal, só cambial ou ambas. Infelizmente, a sábia e poderosa Ana tirou o copo de uísque da mão de Fernando Henrique, na segunda dose, ainda pela metade, e ficamos sem as esperadas revelações movidas a destilados.

Na tarde desse mesmo dia, de plantão na portaria do ministério, havíamos insistido se haveria a tal da âncora polonesa. Respondera, então, com um risinho maroto, que de âncora polonesa só conhecia a bela embaixadora, em Brasília.

Aqui, meu coração fica

O ANTIGO ENDEREÇO DOS MEUS AVÓS PATERNOS. FICA NUM ponto privilegiado de Ouro Fino, quase colina, ao lado do Fórum.

A casa, até hoje, divide-se em duas, com entradas independentes. Sentado à mesa da sala de visita, lendo, picando fumo ou alisando palhas para os cigarros que fazia e até vendia, meu avô tinha completa tenência do que se passava numa das mais movimentadas ruas da cidade, a do Fórum e da Prefeitura.

A menina que fui gosta de contar os cubos, em tons de marrom, puxados para vermelho, dos ladrilhos hidráulicos da cozinha. Lá, Vó Quinha passava a maior parte do tempo fazendo quitandas para as merendas da família e bares da cidade.

A figueira, logo no início do quintal, nasceu antes mesmo da casa e mais parece um grande bonsai de raízes expostas petrificadas. A ânfora e a bacia de porcelana, nunca mudaram de lugar. Sempre no tripé, no início do largo corredor que, da sala, leva ao banheiro e, depois, à cozinha. Antes de a água ser trazida pra dentro de casa, por encanamentos, serviam para se lavar mãos e rosto ao se chegar da rua. Quando os netos nasceram, já eram apenas decoração.

Estou, agora, na sala de visitas da segunda casa, derivada da principal. Nessa parte, sempre morou algum dos filhos casados. As janelas que dão para o jardim e o pátio foram substituídas. Do terraço, avista-se a imponente Igreja Matriz. Pequenas esculturas de cimento, detalhes bem ao estilo italiano, guarnecem o portão.

Adeus! Estou de saída. Se volto outra vez, nem sei. Meu coração de menina fica aqui.

Rios desenham paisagens

Rios recortam montanhas,
recortam pedreiras para
um destino de pântanos,
manguezais, alagados. De sal.
Areias e pedras roliças,
último pouso de águas-marinhas
translúcidas, macias, fugidias,
que se enrijecem, matizam-se,
engastam-se secas em pedras
escuras. O viajante escreve,
fotografa, pinta o que, de longe,
a morte tornou ainda mais belo.

Águas brancas, turvas, transparentes

A IMENSIDÃO SALGADA ESPERA IMPACIENTE ÁGUAS QUE CONtam, histórias de ilhas e continentes, histórias animais, vegetais, minerais. Imensidão em verdes-claros e escuros, em verdes-amarronzados, verdes-azulados, de horizontes que não se esbarram em morros e montanhas, mas na luz dos dias que nascem e que morrem, das noites enluaradas. Há milênios, estrelas apontam o norte a navegantes audaciosos.

Vagas que se encrespam e rugem, *icebergs* que se descolam da paisagem polar, levam barcos mínimos e navios, os maiores e ditos que até por Deus invencíveis, ao mais profundo dos abismos. E nos arrastam para bem longe, em torvelinhos inescapáveis, para o além invisível, habitado por sereias da perdição e monstros só imaginados. Quase só a morte espera os náufragos na areia da terra à vista. Poucos conseguem chegar com voz para a contação de histórias de sal e sol.

Rios desenham as paisagens do mundo, dizem onde cidades e países acabam ou começam. Fios d'água, igarapés, marcam o castanhal de cada ribeirinho. Dão-lhes o de comer. Levam-nos em viagens ao mais fundo da floresta. Levam-nos, na outra direção, ao rio maior, às aldeias, aos povoados, ao fim do que é terra, ao mar espetaculoso. Rios nascem em planaltos, serras e grotas. Rios são lençóis d'água que afloram num vale. São de águas claras, brancas, turvas, transparentes. Vão mudando de nome por onde passam. Há os que correm preguiçosos na superfície, a esconder correntes avassaladoras nas profundezas.

No começo, o que se vê, do São Francisco ou do Danúbio, é apenas chão encharcado. Fios mínimos que se entrelaçam no subterrâneo ou na superfície para aparecem, depois, filtrados pelas grotas e planícies do caminho, na forma de córregos, riachos, regatos, ribeirões, vazantes. São corixos e corixinhos, fios d'água permanentes. São furos, braços que desenham labirintos fluviais pela Amazônia. Podem ser lajeados: córregos, regatos que terminam no leito de uma rocha. Pode ser um paraná, rio que se bifurca e num abraço faz aparecer uma grande ilha para depois continuar fluindo único.

Tudo que é água, doce ou salgada, água salobra, tem vida que aflora e vidas em camadas, que se aprofundam, tantas indecifráveis. Há vida onde a luz nem chega. Nascentes de um mesmo rio são várias. E cidades brigam por elas. Percursos contam histórias de vida e de morte, de abundância e de fome, de transparências e de imundícies.

Os rios mais tristes são os que fluíam sob o sol e as estrelas, e hoje estão no escuro, abaixo do asfalto e dos calçamentos das cidades. Rios canalizados, rios com percursos alterados. Rios mal redesenhados pelos homens. Qualquer chuva faz que transbordem e arrastem arrozais das várzeas, prestes a ser colhidos. Acaba com o pouco que os ribeirinhos têm. Leva o fogão recém-comprado à prestação, o berço da criança recém-nascida, a pouca roupa dos adultos. Leva até o santo do altarzinho encravado na parede da sala de chão batido. Santo que gosta de flor e de reza, vela acesa e cachaça. Tudo vai de roldão, em torvelinhos.

Trombas-d'água, na serra distante, arrastam bois, boiada, cavalos, paióis, casebres. Cobrem os telhados das casas e espalham sete desgraças. Muitas das curvas desses rios foram apagadas, morrarias aplanadas, margens estreitadas. Tudo para se reduzir custos de estradas e de linhas férreas ou ampliar cidades que não param de crescer.

Pântanos naturais, que sugavam os exageros vindos dos céus, hoje são chão de cascalhos e barro trincado de tanta secura. Cadê a lagoa que estava aqui a esperar revoadas de garças e maritacas? Acabaram-se as garças, as maritacas, os peixes. Acabaram-se as borboletas, as abelhas e tudo que era doce. Os animais que vinham matar, ali, a sede. Cadê o bosque?

156

Testemunha milenar

ENQUANTO REVEJO ANOTAÇÕES TÃO ANTIGAS DA VIAGEM A Bom Despacho, lembro-me de outras tantas águas e céus navegados. Da vez que sobrevoei, em 2009, as curvas do Rio Doce, indo de Belo Horizonte a Governador Valadares. O Doce abraça Ibituruna, a montanha negra, deleite de quem tem coragem de voar. Gente do mundo inteiro abre asas a partir de seu cume. Há correntes de ar ideais para voos que colorem o céu. Bem ali, embaixo, emergem, para quem chega, a ponte São Raimundo e a Ilha dos Araújos.

Do aeroporto já se nota que o Ibituruna é onipresente na cidade e arredores. Mergulha inteiro no Rio Doce, visto da margem que lhe é oposta ou quando se atravessa a ponte. Pousa majestoso na paisagem. É livro aberto dos elementos que trouxe das profundezas. Silencioso, guarda nas entranhas e explicita na superfície a passagem dos milênios que fizeram o mar das Gerais virar sertão. A passagem dos séculos que permitiu essa sucessão de povoados, vilas, cidades, plantações e pastagens, represas e siderúrgicas. Igrejas centenárias semeadas e adubadas com o sangue de tribos nômades de botocudos, os aimorés, que vagavam por entre seus rios e riachos, da Bahia ao Espírito Santo.

A parte do mundo das Gerais que lhes cabia, não chamavam de Pindorama, o paraíso de palmeiras, livre de todos os males. Pindorama é mito, nome tupi-guarani. Tinham outra língua, a que ninguém, então, entendia. Altos e fortes, bocas e orelhas alargadas por enfeites, pareciam gigantes de outro mundo. Bem diferentes dos nativos dos pampas e do litoral, acima e abaixo da linha do Equador.

A matança por ouro e por pedras preciosas, o estabelecimento dos currais, que prosperariam ao longo do São Francisco, foi abençoada fincando-se a cruz, o primeiro marco da terra conquistada. Dos santos cruzeiros, surgiram capelas e, sobre elas, igrejas cada vez maiores, mais ricas e esplendorosas.

É a mesma história da catedral de São Paulo. Começou no século XVI com um simples marco, o da Sé, em terreno — dizem — cedido por cacique amigo dos portugueses. Hoje o marco está abrigado no Museu do Ipiranga. A que seria a Igreja Matriz começou a ser construída no local em 1589 e só seria concluída meio século depois. Em 1911, foi demolida para dar lugar à suntuosa catedral.

O café fazia a riqueza do estado. São Paulo, a cidade, crescia e a igreja colonial ficou pequena para as pretensões dos que já sonhavam com a atual megalópole. O passado português tornara-se pequeno demais e já não expressava a realidade multirracial que começava a se definir. Os olhos dos que mandavam não estavam mais na acanhada Lisboa, mas nas monumentalidades de Roma e de Paris.

A catedral atual foi construída por iniciativa de Dom Duarte Leopoldo e Silva, primeiro arcebispo de São Paulo. Os trabalhos começaram em 1913, no local da catedral colonial demolida. O arquiteto responsável foi o alemão Maximilian Emil Hehl, que projetou uma enorme igreja em estilo neogótico, inspirada nas grandes catedrais medievais europeias.

Mosaicos, esculturas e mobiliário da Sé foram trazidos por navio da Itália. Entretanto, em virtude das guerras mundiais, houve grande dificuldade para concluir a obra. Assim, a inauguração ocorreu somente em 1954, com as torres ainda inacabadas, mas a tempo de celebrar o quarto centenário da cidade.

No Rio de Janeiro, três igrejas tombaram para a presidente Getúlio Vargas passar. A avenida foi a principal obra do interventor Henrique de Toledo Dodsworth, que administrou o então Distrito Federal durante o Estado Novo, de 1937 a 1945.

A obra teve a oposição da Igreja, de banqueiros e de comerciantes, que foram atingidos pelas demolições. Se não fossem tempos ditatoriais, dificilmente seria concretizada. Foram demolidos 525 prédios, incluindo três igrejas: a de São Pedro dos Clérigos, joia barroca já com componentes inspirados no rococó, a de Bom Jesus do Calvário e a de São Domingos. Só a Igreja da Candelária, por sua impressionante grandiosidade e valor, foi preservada.

158

"Você me abre seus braços..."

CIDADES QUE CHAMO DE MINHAS SÃO TANTAS. GRANDES, pequenas. Mínimos vilarejos, povoados, apenas a igrejinha e o casario em volta. No Brasil ou fora dele. São como o amor quando chega. Não queremos mais baixo, nem mais alto, nem mais gordo, nem mais magro. O melhor amor é o que, enfim, acaba com nossas vésperas, nossas esperas, o que está à mão. Abrimos os braços e deixamos que tome conta das nossas vidas. Há cidades que nos deixam felizes, completos. São lugares onde podemos nada ter, mas nada nos falta.

Julho de 2010, no Rio de Janeiro a trabalho, fiquei num hotel da Toneleiros, Copacabana, rua marcada por episódio importante da história do Brasil e de suas mazelas. O atentado contra Carlos Lacerda, na madrugada de 5 de agosto de 1954. O jornalista e político de reconhecida e contundente oratória morava no número 180. Lacerda sobreviveu, mas o major-aviador Rubens Florentino Vaz não resistiu. O guarda municipal Sálvio Romeiro ficou ferido. O atentado foi a gota d'água que transbordou o caldeirão fervente da crise política daquele momento e levou o presidente Getúlio Vargas ao suicídio, dezenove dias depois.

O hotel, estranho e confortável, não dá a impressão de um quatro estrelas, a começar pela qualidade do papel higiênico disponível. Mas, da janela do quarto, vê-se o Cristo Redentor lá longe, a iluminar a noite. E, ao acordar, lá está ainda se a manhã é sem nuvens. Na cobertura, décimo quinto andar, se vê todo o meião de Copacabana. A natureza é tão imponente, exuberante, que sepulta o feio, o sujo, o encardido, a mendicância. Do alto, a cidade teima em ser maravilhosa. Conheci Copacabana em 1978, recém-casada e já era essa muralha de pedra, barreira entre o mar e as montanhas.

159

Em 1990, em férias, ficamos num pequeno hotel, depois da pra-
cinha do Bairro Peixoto, casarão antigo com jardim e quintal. Das
janelas dos quartos, vem o frescor úmido da mata que está ali desde sempre, ao sopé de grandes pedras cinza-escuras, riscadas pela
umidade e fios d'água que se engrossam com a chuva. Canto de
passarinhos. O Rio também é verde, calmo e silencioso. Bucólico.
Mesmo em Copacabana.

160

E daí se não há botes salva-vidas para todos

NO RIO, A MONARQUIA AINDA RESISTE NOS NOMES DE MUITAS ruas, praças e avenidas. Mas a Serzedelo Correia, em Copacabana, já conta história da Primeira República, a das Espadas. Foi com uma espada que Dom Pedro I, às margens do Ipiranga, São Paulo, cortou o cordão umbilical que nos ligava de corpo e alma a Portugal. Diz a lenda que Deodoro da Fonseca também desembainhou a espada, setenta e sete anos depois, para desencadear o Golpe de Estado que mandou a corte imperial para o exílio e fez do Brasil uma República.

No governo de Floriano Peixoto, que substituiu Deodoro, Serzedelo ocupou várias pastas, Agricultura, Interior, Justiça, Instrução Pública e também a da Fazenda, quando se empenhou pela criação dos Tribunais de Contas. A boa e correta aplicação dos recursos era um dos ideais dos que defenderam o novo regime e que perseguimos sem sucesso até os dias de hoje.

Numa das minhas vezes no Rio a trabalho foi para a cobertura da Conferência das Nações Unidas sobre o Meio Ambiente e o Desenvolvimento, a ECO-92. Fernando Collor, incapaz de construir alianças, havia se colocado nas cordas do ringue, já quase a nocaute. Governo de morte anunciada. Disse, já na largada, ter apenas uma bala na agulha para vencer a inflação e colocar as contas públicas em ordem.

No dia seguinte ao de medidas como o "confisco da poupança", já encontrei vizinhos arrependidos do voto dado a Collor. Alguns desesperados por conta das economias líquidas indisponíveis do dia para noite. Gente já aposentada com doenças crônicas ficou desamparada. Cirurgias, viagens, compras de imóveis, casamentos, tudo adiado. Muitos para nunca mais acontecerem.

As medidas anunciadas com arrogância pela ministra da Fazenda, Zélia Cardoso, e pelo presidente do Banco Central, de sotaque inacreditável, Ibrahim Élis, deixaram o Brasil de pernas pro ar. Maior perplexidade e inconformismo novamente só em 2020 e 2021 com os

impactos da pandemia do Coronavírus. Collor e Bolsonaro, os presidentes que viram o Titanic afundar em sobrevoos de helicóptero. E daí, se não há botes salva-vidas para todos?

A boa organização da Conferência deu algum alento a Collor. O Exército foi às ruas garantir a segurança na cidade. Chefes de Estado de todo o planeta não se recusaram a aparecer. E o presidente, mesmo sob forte pressão da mídia e de seus opositores no Congresso, conseguiu manter a cabeça fora do pântano em que havia se metido e até surfar um pouco na energia positiva que tomou conta do Rio e se espalhou pelo país.

Durou bem pouco. Seis meses depois, passado o Natal, Collor renunciava por meio de uma carta lida pelo advogado Moura Rocha no Senado, para evitar o *impeachment*. Antes de raiar 1993, no dia 30 de dezembro, setenta e oito votos a favor e três contra, foi condenado à perda do mandato e à inelegibilidade por oito anos.

Em encontros oficiais com personalidades políticas, paralelas a Eco-92, Collor fez questão de ostentar a faixa presidencial, mesmo não requisitada pelo protocolo. Em visita à Espanha, em maio de 1991, esmerou-se na recepção oferecida pelo, então rei, Juan Carlos. Parecia ostentar mais medalhas no peito que todos os convidados juntos do jantar de gala.

Durante a Conferência do Clima, segui os passos do ministro da Fazenda, embaixador de carreira, Marcílio Marques Moreira, responsável por não deixar a economia naufragar completamente, diante da catástrofe política em curso. A seriedade e o currículo do ministro podiam não ajudar muito o país internamente, mas enviavam o mais importante dos sinais aos credores externos. Uma nova moratória de dívida não estava em pauta.

Marcilio foi uma das melhores fontes econômicas, no trato com a imprensa. Jornalistas não lhe davam sossego dentro ou fora do Riocentro, onde montou gabinete. Nem quando voltava para casa ou resolvia dar uma caminhada pela praia e tomar água de coco. Todo mundo queria saber como seriam administrados indicadores já bem sofríveis, para se evitar a completa deterioração do ambiente econômico. Tempos difíceis!

Tanto trabalho, o tempo todo, não nos impedia, repórteres colados ao ministro Marcílio, de espiar a participação de autoridades internacionais de peso. O Riocentro quase veio abaixo quando El Comandante chegou. Muitos, incluindo jornalistas, chegaram às lágrimas, ao merecer de Fidel um sorriso ou aperto de mão. José Dirceu também chorou ao visitar Fidel, em companhia de Lula já presidente.

Nunca me esqueci que, ao aprender a ler, meu pai me apresentava a primeira página do *Estadão* e dizia:

— Ache o nome "Fi-del". Achou? Agora ache a palavra "pa-re-dão"! Achou? Agora tente ler o título.

— Fi-del en-via mais se-is ao pa-re-dão...

Meu pai batia palmas. Minha mãe lhe dava uma bronca:

— Isso não é assunto de criança.

E eu:

— Pai, o que é paredão?

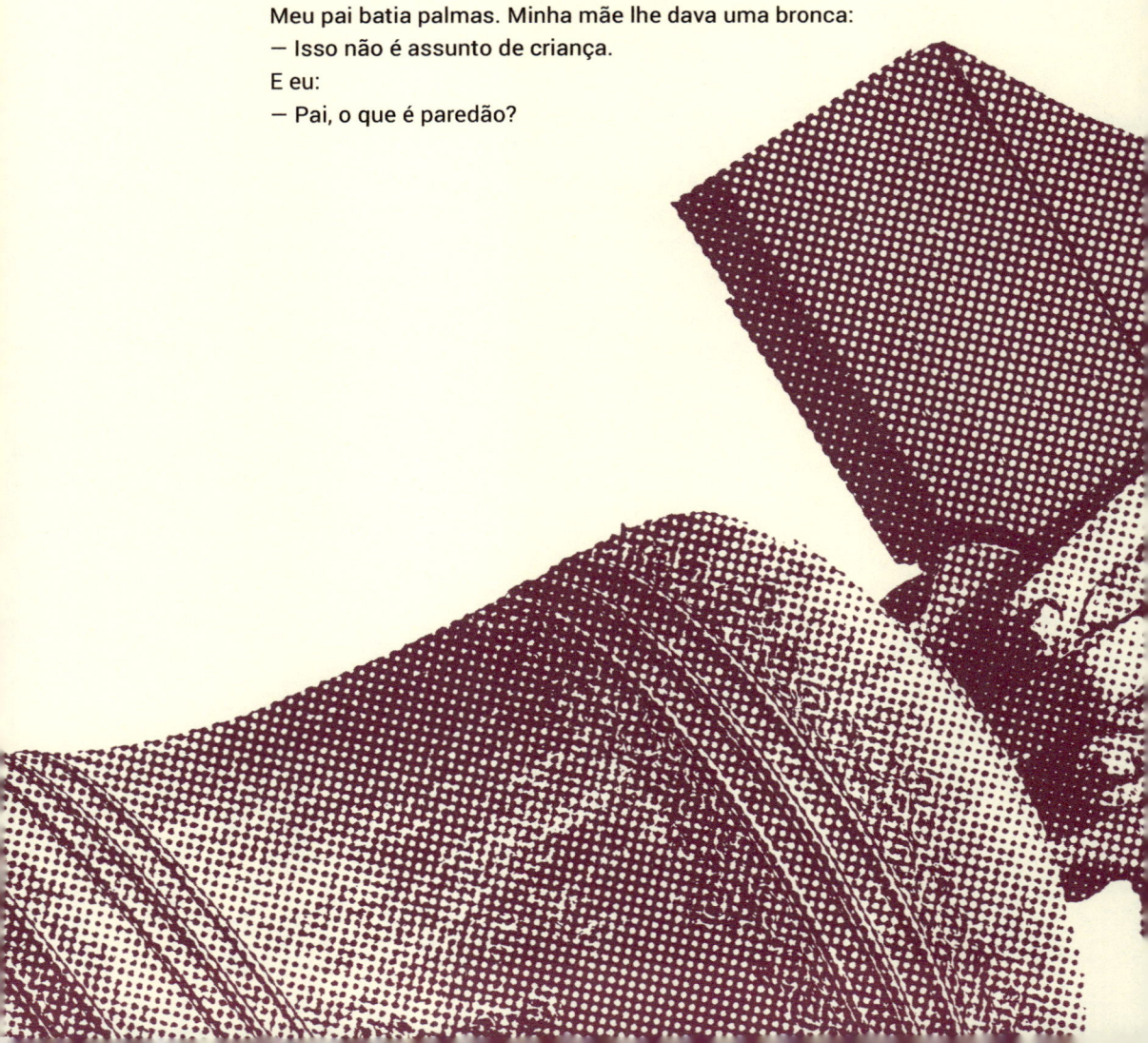

Ai de mim, Copacabana!

TRABALHO FINITO, RESOLVO, MESMO CANSADA, ANDAR PELO calçadão do Leme até o Forte de Copacabana. Nossa! Parecia que o mundo e sua Torre de Babel havia desabado naquele pedaço super-habitado do Rio. E que todas as senhoras e senhores, filhos, netos e cachorros resolveram tomar a fresca da praia.

Não foi um final de tarde de céu especialmente bonito. Estava meio nublado. Então, tratei de caminhar sem prestar atenção em nada que não fosse aquelas centenas de pessoas que andavam, corriam, transpiravam, bufavam e até conversavam. Perto do Forte notei que o areal se estreitava e que o movimento era menor. Resolvi então fazer meia volta e...

Meu coração disparou de susto com tanta beleza. Anoiteceu pelas minhas costas e eu nem havia percebido. A cidade estava acesa. Mil olhinhos piscavam nos edifícios e nos morros que não me pareceram, naquele momento, seres vegetais ou minerais, mas animais sobre o mar, sob o céu. Grandes animais preguiçosos, lascivos, cheios de curvas e de maciezas. Poderosos guardiães da Cidade Maravilhosa.

Pedacinho
do céu

O AVÔ DO LUCIANO PROMETEU À MULHER UM PEDACINHO DO céu bem junto da casa em que moravam. E começou pela escadinha que ia do alpendre ao terreno. Fez a escadinha de um jeito que ocupasse o menor espaço possível. Depois passou a desenhar, dar forma aos canteiros. Fez estrelas e meias-luas. Cobriu tudo de flor. Se não se alcança o céu, pode-se trazê-lo ao chão.

Luciano é o pai das jornalistas Leda Flora e Yara Selva. Deu esses nomes às meninas porque o verde da Zona da Mata de Minas nunca o abandonou. Bem jovem saiu da casa dos pais em Ubá e foi morar com um tio em Petrópolis. Queria continuar os estudos. Ele nasceu na cidade de Tocantins.

Aos cinco anos, a tarefa de Luciano era a de arrancar matinhos em volta dos pés de rosinhas meninas dos canteiros do avô. São florezinhas que nunca adolescem, nem se tornam moças feitas ou senhoras respeitáveis. São tão miudinhas e de mínimos botões que qualquer graminha fora de hora e lugar pode escondê-las. E pedacinho de céu é coisa séria. Ervas daninhas ou que escondam a beleza, nem pensar!

— Rosas meninas, nascem, vivem e morrem meninas. São as princesinhas do Reino das Rosas — diz Luciano.

O pai de Leda e Yara, aos noventa e dois anos, ainda lia e escrevia todos os dias. Foi desses senhores de pele de veludo, elegantes, de roupa perfeita e que trazem no bolso da camisa de mangas compridas, é claro, uma caneta. Não daquelas vagabundas de hotel, que Pedro Malan usava, quando ministro da Fazenda. O senador Aloizio Mercadante se deu mal quando o acusou publicamente de assinar atos sovinas de bloqueio de gastos com uma Mont Blanc. Descobriu-se, de imediato: quem tinha caneta da marca era ele.

Senhores iguais Luciano falam o português correto, usam sem qualquer pedantismo palavras que já esquecemos. Gostam muito de suas ferramentas de trabalho. Não só canetas, mas também

165

lapiseiras. Quando fiz sessenta anos ganhei uma Parker de presente. Lembrei-me da primeira que ganhei do meu pai, na terceira série do primário, quando aprendíamos a escrever à tinta. Voltei pra casa chorando. Apertei a caneta tão forte contra o papel que a pena espanou. Menina desajeitada. Sem modos. Quando terá jeito?

Minha mãe dizia que vivíamos tempos modernos. Mas aquele moderno era ainda o das canetas-tinteiro e mata-borrões. Moderno mesmo foi o mundo das canetas esferográficas, que não borravam e resistentes aos danos de quedas e performances desastradas na escrita. E o melhor de tudo, baratas. Ninguém apanhava mais por ter esquecido a caneta na escola ou, por descuido, ser roubada. Foi até apelidada de caneta da era atômica, a da bomba, do pós-guerra.

Para quem está perdido na geografia, a pequenina Tocantins fica perto de Ubá, Piraúba, Rio Pomba e Dores do Turvo. Lá onde Minas já se encosta, não só a São Paulo. Mas também ao Rio de Janeiro. No século passado, antes dos anos 1960, os que nelas nasciam, se tivessem chances de mais estudos, escapavam para a capital, não a do estado, mas a do Brasil. Viveriam de favor na casa de parentes ou em pensões baratas até que virassem gente com diploma, emprego certo, família e tudo mais. Foi o que aconteceu com Luciano. Primeiro, o Rio. Já advogado e com família formada, despencou para viver o sonho chamado Brasília, quando a cidade era quase só um desenho no cerrado do Planalto Central.

Odor de santidade

UBÁ É A CIDADE NATAL DE ARY BARROSO, O DA "AQUARELA DO Brasil". Em Rio Pomba, nasceu Floripes Dornelas de Jesus. Lola, a milagreira. Durante décadas, alimentou-se apenas de hóstias eucarísticas. Aquelas folhas finas pequenas, redondas, quase transparentes, feitas de farinha e claras de ovos. Abençoadas, são Corpo de Cristo. Criança que morde hóstia, durante a comunhão — não pode de jeito nenhum, é pecado —, vai pra casa com gosto de sangue na boca e não há almoço farto e temperado de domingo mais duas ou três sobremesas que deem jeito.

Lola morreu, diz a lenda, exalando o odor de santidade, fragrância emanada dos corpos daqueles que conseguem a iluminação em vida. São os chamados santos mirobitas, do grego antigo *myron*, que quer dizer "óleo perfumado". Só acontece àqueles que morrem em estado de graça plena, com os pecados, inclusive os mortais, todos apagados.

Há os que acreditam e juram que sentiram almas beatas ascenderem aos céus, despregarem-se da carne, exalando inebriantes aromas terrenos. A ciência explica que isso se deve, simplesmente, à acetona e ao ácido acetoacético gerados pela cetose, em casos de morte por desnutrição derivada de jejum extremado. O corpo de Santa Teresa de Ávila espalhou perfume de flores silvestres por todo o mosteiro. Santa Teresa de Lisieux, o de rosas recém-abertas.

Dores do Turvo, já na Serra da Mantiqueira, é famosa pela imponente Igreja Matriz, plantada sobre um platô que se alcança por largas escadarias. Do platô se vê o aglomerado de casas, umas juntinhas das outras, não por falta de espaço. Tem cinco mil habitantes, menos que algumas das superquadras do Plano Piloto de Brasília. A entrada central é ladeada pelos Apóstolos Pedro e Paulo. Pedro guarda as chaves do céu e sobre o nome dele assentou-se a Igreja de Cristo. Paulo levou o cristianismo aos não judeus.

Externamente, a matriz é revestida de uma mistura de pó de pedras, o que lhe confere austeridade. Por dentro, o colorido das pinturas e das esculturas sacras. O piso, bem conservado, é maravilhosa composição de ladrilhos hidráulicos. Um grande órgão está instalado abaixo do coro. Outro patrimônio da cidade é o Rio Turvo que, na verdade, nasce em Ubá e termina no Rio Xopotó, que, por sua vez, termina no Rio Doce, que vai se salgar na boca que lhe espera lá em Vila Regência Augusta, município de Linhares, no Espírito Santo.

168

O verde do Parnaíba

JANEIRO DE 1974. AQUI DE CIMA, TUDO TÃO BONITO DE SE VER. Rios são longas e finas serpentes que se arrastam em intermináveis ziguezagues. E pensar que...

Agora o avião voa mais baixo. Sobrevoa. E não segue tão suave quanto antes. Estamos próximos de Teresina. Estamos sim. O comissário informa que faltam apenas cinco minutos para a aterrissagem.

Vejo um rio quase largo e barrento, o Parnaíba. O rapaz do lado pergunta se nosso destino é Teresina e logo emenda que mora na Rua São João. Não, vamos para Fortaleza.

Tudo é tão verdinho! Vejo bananeiras, muitas. Gostam de umidade. Vejo casas pobrezinhas também. No meio da lama. Cobertas de palha, rodeadas de plantação.

Começa o desembarque dos que ficam em Teresina. O mesmo avião nos levará, agora, direto para Fortaleza. O comissário ri de mim quando digo que quero passar o Carnaval na praia. É carioca e sempre foge do Rio no verão. O outro comissário veio nos dizer que toca piano muito bem. Menino notável!

Há alguns minutos estamos de novo no céu. Entre o azul e as nuvens douradas. Lá embaixo, lagoas em forma de leques abertos.

Não quero pensar tristezas. Nem quero esquecer nada. Quero pensar que tudo é muito bom enquanto acontece. Misterioso e grande demais para nossa limitada humana compreensão.

Nem preciso ir tão longe quanto Gagarin para ver a Terra em azul. Tão linda que daqui até nos esquecemos das guerras e doenças que carrega nas voltas que faz em torno do Sol. Do alto, vejo um planeta feliz.

O Velho Chico

FEVEREIRO DE 1981. ESTOU COM A AMIGA BEATRIZ ABREU EM Maceió. Diante de um mar de verdes traduzíveis apenas em esmeraldas, musgos, canaviais e palmeiras. E, mesmo encantada com a placidez enganadora das ondas que se desfaziam suaves na areia macia e branca, mesmo encantada com coqueiros recortando o céu tão azul e tudo o mais que possa lembrar o Paraíso para quem mora em Brasília — cidade metade do ano seca, esturricada, sem o conforto de maresias, de ventos que trazem histórias de outros continentes —, mesmo assim, encantada, eu não me esquecia.

Eu não me esquecia que estava bem perto das águas doces que nascem nas Gerais e sobem o mapa do Brasil, as águas do nosso rio mais cantado em verso e prosa. Nosso Jordão, nosso Velho Chico evoca milagres de multiplicação de pães e peixes. Evoca o sangue derramado dos índios pela sanha dos conquistadores. Ladainhas ancestrais.

Não nos contentamos em vê-lo, queremos nele ser batizados, queremos atravessá-lo andando por caminhos de pedras que afloram quando a chuva vai para bem longe e seu leito se encolhe. O Velho Chico, nosso Danúbio. Por onde passa, vai forjando identidade geográfica e cultural. É assim que Minas, a que está onde sempre esteve, viaja. Veias e artérias do Brasil mais antigo. Minas nunca nos deixa esquecer o destino Nordeste que, por sua vez, desbravou o Norte. O Velho Chico leva-nos, mineiros, ao mar.

Em Maceió, mesmo imersa em paisagens marinhas, as águas doces me chamavam lá para as bandas de Penedo. A cidade que hospedou Dom Pedro II e comitiva, a caminho de Paulo Afonso, na Bahia, guarda, vaidosa, tesouros da passagem do séquito imperial. O casarão que abrigou o monarca é, hoje, o Museu do Paço. Expõe coleções de móveis, pinturas, louças e cristais dos séculos XVIII e XIX.

A história de Penedo explica a formação econômica e política do Brasil, desde o descobrimento. Duarte Coelho, pai ou filho, há controvérsias, fundou no século XVI o povoado, às margens do rio. A capitania de Pernambuco chegava à foz do São Francisco, abrangendo Alagoas e Sergipe.

No século XVII, contou a história do ciclo do gado. Era o rio dos currais, escoadouro da produção de carne e de couro. No século XVIII, o ciclo do ouro, que também foi o do diamante, faz Minas despontar, no processo de interiorização do Brasil, sem que Penedo e o São Francisco perdessem importância.

O apogeu de Penedo ainda pode ser reconhecido em seus monumentos, igrejas barrocas e casarios coloniais tombados pelo Patrimônio Histórico Nacional. Tudo poderia estar mais bem cuidado. Mas estamos no Brasil e devemos render graças ao que ali permanece banhado por águas renovadas e tantas vezes escassas.

O Velho Chico sente a devastação de suas margens e das nascentes de seus tributários. Em alguns pontos, outrora caudaloso, é apenas riacho, caminho de pedras úmidas. Mesmo sofrido e minguado, é ainda mais precioso à alma dos brasileiros que todas as riquezas que vem transportando através dos séculos.

Por alguns trocados, saímos de Penedo, numa velha canoa, e estávamos em Carrapicho, o povoado de Sergipe que originou o município de Santana do São Francisco. Crianças nuas, magricelas, são peixinhos ágeis e fanfarrões que se refestelam em águas mornas e escuras. Alegria barulhenta no cenário de casas de pau a pique, cobertas de palha. Dentro delas, chão batido, nenhum móvel, poucos utensílios. Algumas redes penduradas nas paredes arcadas pelo peso do teto e pouco alicerce.

No meio do cômodo principal, logo na entrada, a rústica trempe cozinha o feijão do dia. Casas, abrigos e ateliês dos que trabalham o barro com maestria. Espalhados pelo chão, potes de longos pescoços. Outros, com alças laterais, quase ânforas de traços elegantes, altivos, refinados. Colorido natural perfeito. Barro pisado até ganhar a consistência necessária. Dos tornos rudimentares, meio capengas, mãos habilidosas e longas dão à luz, na penumbra, peças perfeitas.

Minas nem se acaba e já começa a Bahia

FEVEREIRO DE 1973. É PRECISO SABER DE UM BOM TANTO DOS rios brasileiros para saber também do Cochá, que banha Montalvânia e outras pequenas cidades e povoados do norte de Minas. É um afluente da margem direita do Carinhanha que deságua no São Francisco. Quem se banha no Velho Chico banha-se também nas águas do Cochá e do Carinhanha, nas águas dos córregos e dos ribeirões que se entrelaçam, teimosos, a céu aberto ou em abismos de pedras e raízes das Gerais até se conformarem com o destino de sal.

O mar é a outra vida do rio. Céu ou inferno. Por isso, inventam tantas voltas por montanhas e precipícios. Não têm pressa. Perdem-se em outros rios. Escavam, morosos, abrigos subterrâneos. Tudo para lhes atrasar o mergulho final. A brisa marinha, ondas, furacões não os seduzem. Como será viver sem árvores na imensidão? Sem as sombras que lhe dão conforto e perfume depois das corredeiras por tantas pedras e descampados?

O Cochá caminha por cento e sessenta quilômetros Gerais adentro e só não é muito extenso para os padrões territoriais de um país grande como o Brasil. É um rio caudaloso, piscoso e permanece assim até hoje, pelo menos em alguns trechos. Muito diferente de rios menores e ribeirões desmilinguidos e sujos de tantas outras cidades e cidadezinhas.

A família de Ivete tem uma grande fazenda no chamado Médio Alto São Francisco. A estrada de Brasília a Montalvânia foi aberta, na seca do inverno, no braço, por trabalhadores das redondezas, nos anos 1960. Havia urgência em caminhos mais curtos até a nova capital. Não se apostava mais em trens que abrissem o interior para o Planalto Central ou ao Brasil litorâneo.

O pequeno avião voou quase rente às árvores e aos pastos. Desenhou com cal o fio que lhe deu forma. Viajamos numa caminhonete apinhada de gente e bagagem. Nem sei dizer quantas vezes atolamos naquele verão de dias quase todos molhados. O último trecho foi num ônibus que percorria os povoados da região. A caminhonete precisava ficar mais leve. No ônibus caindo aos pedaços, viajamos sem cinto de segurança. Os solavancos levavam nossas cabeças ao teto. Chegamos ao casarão da fazenda no bagaço.

De Montalvânia se chega a Januária. As duas cidades não estão assim tão perto que possam ser chamadas de vizinhas. Muitas águas, com ou sem pontes, as separam.

Para alcançá-la, vindos de Montalvânia, atravessamos o São Francisco de balsa. Minas nem se acaba e já começa a Bahia. Aqui estou eu, nesta foto. Sentada na calçada. A ruazinha, de lascas de pedras largas e irregulares, do tempo da escravidão. Meus cabelos chegam até quase à cintura. Blusa verde-azulado, calça jeans boca de sino. Para alargar a parte abaixo dos joelhos, costurava-se um grande triângulo em tecido diferente para dar o devido contraste à peça. A bainha quase sempre puída de tanto varrer chão, comprida e larga, para desgosto de nossas mães.

— Meninas mulambentas. Se fossem obrigadas a tais roupas, chorariam de raiva, de revolta, de vergonha. Achariam um castigo — diziam.

Dessa rua, espero que tenham sobrado ao menos as pedras. Nos anos 1970, começou um processo rápido de demolição de casas e prédios antigos da cidade.

Da aldeia massacrada, nasce Januária

A CIDADE FICA NO ALTO FRANCISCO, E FOI CHEGANDO PELO RIO até ela que baianos começaram a organizar arraiais e povoados no norte de Minas, do meio para o fim do século XVII.

Existem três versões para o nome da cidade: a primeira refere-se a Januário Cardoso, proprietário da fazenda Itapiraçaba, origem do município; a segunda seria uma homenagem à princesa Januária, irmã do imperador Dom Pedro II; e a terceira lembraria a escrava Januária que, fugindo do cativeiro, instalou-se no Porto do Salgado e fez ali uma estalagem para barqueiros e tropeiros. Fico com todas. Dão asas à imaginação.

A tribo dos itibiriças, que ali se estabelecia, foi dizimada num assalto planejado por forasteiros. Chegaram para matar e tomar posse das terras. Quem sobreviveu ao banho de sangue fugiu para mais longe. Os poucos que restaram ficaram sob a guarda dos jesuítas, que ergueram a segunda igreja mais antiga de Minas Gerais. Tudo começou com um ponto de embarque e desembarque de mercadorias rio abaixo, rio acima. Dele nasceram fazendas e sítios. Depois vieram as ruas sem e com traçado, povoados, vilas e, por fim, as cidades.

Porto Salgado deu origem ao povoado Brejo do Amparo, o embrião do que seria Januária. Ainda sobrevivem por lá casas em estilo colonial e uma das joias do barroco mineiro: a Igreja de Nossa Senhora do Rosário. Quando construída, em 1668, sob a supervisão dos jesuítas, as terras já não eram indígenas, mas um reduto, quilombo de negros fugidos da escravidão.

Há um coro ao fundo. O guarda-corpo da tribuna é feito de ripas trabalhadas. O piso, de campas de madeira. A nave possui dois altares. O forro da capela principal é todo decorado com pinturas. O altar-mor tem vários arcos com colunas torcidas e nichos para imagens.

Passados tantos anos, encontro, na internet, fotos da Igreja Matriz de Januária nos anos 1940. Na década de 1960, foi desfigurada por uma torre central que não lhe vestiu bem. Na de 1970, um edifício na forma de um caixote substituiu a antiga matriz. O Colégio São João, que recebia estudantes também de Goiás e da Bahia, foi demolido.

Nuvens
de borboletas

A MEIO CAMINHO DE JANUÁRIA, VIAJÁVAMOS JÁ NO INÍCIO DA tarde, depois de parar pro almoço num rancho à beira da estrada. Assim, na surpresa, Dona Marieta, velha conhecida dos pais de Ivete, nos preparou às carreiras sobras do que havia servido à família. Feijão cozido com alguma carne, arroz, farofa e almeirão dos bem amargos. Gosto. De beber, água bem fresca do pote de barro, em caneca de aluminio desbeiçada.

— Não gosto de comida contadinha. Sempre aparece alguém sem avisar e com fome. Deus me livre de não ter nada pra oferecer, disse ao aprontar o café de despedida, bem ralinho.

De repente, a caminhonete para, envolvida por nuvens de borboletas amarelas, translúcidas ao sol. Multidões delas voavam em parafuso, diante de nós. Outras cobriam o tronco das árvores de amarelo. Forçamos o caminho, e o farfalhar das borboletas nos acompanhou por um bom pedaço até rarear e, por fim, o amarelo desaparecer. Com a tecnologia de hoje, acionaríamos nossos celulares para gravar vídeos.

Passamos por vários riachos e ribeirões rasos, sem qualquer ponte. Tantas pirambeiras que, só de lembrar, me arrepio. Éramos jovens e protagonistas de um filme de ação no coração do Brasil. O fim não nos importava: a magia estava no caminho. Éramos o caminho, a viagem.

O problema foi a volta. Havia chovido. Passamos o primeiro riacho, o segundo, mas não o terceiro, que se tornara um rio de verdade. Qual a solução? Esperarmos as águas baixarem. A noite foi de céu limpo. Tudo indicava que, em algumas horas, aquela avalanche de água barrenta deixaria de roncar tanto, que as águas voltariam a ser o fio de antes a permitir nossa passagem. Luz fraca das estrelas dá contorno à paisagem. Começamos a nos acomodar para dormir. Mas qual o quê! A orquestra de sapos havia marcado concerto para aquela noite e passamos o tempo, até o amanhecer, a contar causos

Uma noite inteira de sinfonia de vozes de sapos, sapões e sapinhos. Sons sapais indo do mais baixo, quase surdo, passando por todos os tipos de contraltos, barítonos, tenores ao mais agudo dos sopranos. Maria Callas ficaria no chinelo. Pavarotti se envergonharia. Vicente Celestino nem "O ébrio" cantaria.

Noites insones puxam contação de histórias. Começo com a da mariposa-bruxa que pousou na geladeira vermelha, a primeira da nossa casa e já éramos bem crescidinhos. Sorte ou azar? "Azar dá se matarmos bichinhos" — decreta o irmão moleque. E lá ela ficou, durante dias, no mesmo lugar. De tão grandes são confundidas com folhas envelhecidas e morcegos.

Aborrecida, Elzinha, cansada de esperar que fosse embora por conta própria, tenta espantá-la com a vassoura. Assustada, a bruxa procurou um ponto bem alto para se instalar. Não come nem bebe. Tentei desgrudá-la da parede e pendurá-la enquanto ainda fortinha, em algum ramo de flor ou árvore. Mas ela resistiu ao meu toque. Grudou-se com o que me pareceu algum tipo de resina pegajosa. Não forcei, poderia machucá-la.

Na manhã seguinte, enquanto tomávamos café, ensaiou voar. Não foi longe. Pousou no tapete. Ali ficou. Ali a deixamos. Ao retornar da escola, a encontrei imóvel, parecendo morta. Levei o tapete ao jardim e a coloquei com cuidado em cima das pedras úmidas de um vaso. Não esboçou qualquer movimento. Estaria já morta ou em coma?

Não pude esperar o improvável milagre de vê-la voar novamente. Como tomar-lhe o pulso. Borboletas têm coração? Têm. Insetos também têm cabeças, olhos, tórax, barrigas e membros. A maioria causa-nos aversão. Ninguém quer ser Gregor Samsa ao acordar. Até os mais repugnantes se nos assemelham. De pontinhos pulsantes, ganhamos formas, das mais simples às mais complexas e extravagantes. Passamos por fases radicais de concepção, gestação, crescimento, velhice e morte. Todos habitamos o mesmo planeta por breves instantes diante da eternidade. Mesmo os de vidas centenárias.

Coitada da mariposa-bruxa. Lá sozinha sobre a pedra úmida, virou comida de formiga!

Acrobacias de vaga-lumes

DE REPENTE, NA NOITE QUENTE E ÚMIDA, AINDA NA VOLTA PARA Montalvânia, centenas de vaga-lumes. Crianças, ninguém conseguia nos explicar o mistério do pisca-pisca dessas luzinhas voadoras que gostam de viver nas baixadas que envolvem rios e riachos. Vaga-lumes provam a saúde da natureza sob o céu que a protege. Não vivem em meio ao lixo, à sujeira. Riscavam com graça o breu noturno, voando baixo ao alcance de nossas mãos.

— Por que os vaga-lumes têm luzinhas acesas na bunda, mãe?

— Uai, porque Deus quis assim.

Há pelo menos duas mil espécies de vaga-lumes no mundo. Muitos dos mistérios sobre essas criaturas luminescentes foram desvendados a partir do século passado. Mas nem todos. Há aqueles que persistem desde as calendas gregas. Prefiro a resposta da minha mãe. O Deus de minha mãe quis insetos com luzinhas acesas acopladas na bunda, fazendo nossa alegria inconsequente de meninos.

Caçávamos vaga-lumes no terreno baldio, perto do ribeirão. De dia, as mulheres estendiam lá roupas brancas de cama pra quarar e ficar alvíssima. De noite, a criançada armada de garrafas vazias transparentes faziam deles lanternas. Ninguém nos dizia para deixá-los em paz. Que tinham vida de voo breve demais. Passam muito mais tempo como larvas, sob a terra. Que o pisca-pisca faz parte do ritual de acasalamento próprio desses insetos.

Bichinhos que me encantam! No tempo de chuva, aparecem no meu quintal, que é também cheio de passarinhos, lagartixas e quem mais vier. Fico horas na varanda a acompanhar o voo baixo que fazem por entre as plantas. As piscadas são chamadas e respostas. Os machos piscam alvoroçados atrás das fêmeas, que os esperam sobre a grama. As interessadas emitem piscadas mais longas. Não os aprisiono mais em vidros, mas a minha meninice continua acesa, iluminada por eles. Tenho também lagartixas de estimação. Moram no meu banheiro, mas só quando a seca castiga Brasília. Lagartixas comem aranhas.

178

Mar de lendas

ACOSTUMADA AOS RIBEIRÕES E RIACHOS QUE CORTAM MONTA-
nhas e vales do Sul de Minas, eu ouvia meu pai contar de um rio
tão largo, tão largo, tão largo, que, nele, quem viaja de barco, navio,
canoa, não consegue ver as margens. É o Amazonas, o rio-mar.

Sem as águas amazônicas, oceanos secariam e o Brasil seria
menos fantástico e colossal. Dessas águas chegam lendas de botos que se transformam em moços bonitos, sempre de chapéu para
encobrir o furo de peixe que têm na cabeça. Namoram, encantam,
engravidam mocinhas e desaparecem. São tantos que nem se contam os filhos de botos. Lendas de mulheres guerreiras que cegam
de tanta beleza, de proezas do invisível curupira, o que nos engana
ao andar pela floresta deixando rastros de passos ao contrário.

Em 1979, sobrevoei, pela primeira vez, a Amazônia, bem baixinho e lentamente, me maravilhei com os mil tons da floresta. Eu já
chegava aos trinta anos, mas quem se encantou com o mar de tanto
verde, água e mistérios foi a menina de antigamente.

Estive muitas outras vezes na região, sempre a trabalho, com algum tempo para desfrutar desse Brasil que é Atlântico, mas também olha para nosso mais profundo interior até esbarrar nos altiplanos gelados. Viajamos horas e horas de barco a motor e ainda estamos no município de Manaus. Há famílias indígenas com casas em aldeias, na periferia distante, e outras mais perto da cidade. Em Manaus, não moram em ocas nem se reúnem em tabas. Mas continuam no paraíso molhado, em meio ao verde intenso das folhagens. Pescam por ali mesmo. Têm dupla documentação, a de brasileiros e a tribal. Falam e escrevem em português e na língua das florestas.

Muitos são artesãos e viajam pelo Brasil não só a vender colares e pulseiras de sementes coloridas, trabalho de mulheres crianças. Também objetos de design elaborado, que unem beleza e utilidade. Procuram apoio logístico e financeiro, além de capacitação nas mais diversas áreas. Crianças e jovens aprendem presencialmente e a distância. O celular abriu-lhes a porta do Brasil e do mundo. Tudo isso vi e vejo nas minhas andanças. O Brasil é de uma vastidão abissal. Para cada pedaço, onde tudo parece estar dando certo, há dezenas de outros abandonados à própria sorte.

180

Pirataria
à luz do dia

NOVEMBRO DE 2009. DA JANELA DO AVIÃO, O MAR DE ÁGUA DOCE vai ao encontro do oceano Atlântico. Macapá à vista. A floresta chegava bem ali, na orla, onde agora corre o asfalto.

É o estuário do Amazonas, lar de cento e trinta e duas espécies diferentes de camarão. Navios japoneses chegam bem perto. Sem qualquer autorização, fazem a festa. Ainda estamos nos tempos da descoberta do Brasil por aqui. Navios estrangeiros aportam e levam nossas riquezas. Alguém da terra está ganhando com tanta pirataria assim, à luz do dia, a céu e mar abertos. Só pode!

Em Santana, bem perto de Macapá, à beira de um igarapé enfeitado de canoas das bem pequenas, navegadas por crianças barulhentas, o restaurante da Flora. Come-se ali ensopado de peixe com pitu ao leite de castanha, camarão ao bafo ou ao molho de taperebá, caldeirada de peixe com camarão e pitu. Tucunaré e tambaqui grelhado, pirarucu com frutas da floresta, desfiado na tapioca ou acompanhado de creme de castanha ou açaí.

Os pitus, que podem ter até trinta centímetros de comprimento, vêm dali mesmo, da Ilha Rasa. Gostam de águas doces e salgadas que se encontram. São atraídos aos matapis, armadilhas recheadas com frutos do babaçu, que eles adoram.

Tucunarés, curumatãs, matrinxãs, pirapitingas, tambaquis, pacus. O tempero simples destaca o sabor do peixe fresquíssimo, assado na brasa, nas barracas que se multiplicam às margens do igarapé. Delícia qualquer peixe fresco com jambu, aquelas folhas verdinhas que são servidas no caldo de tucupi. Ao mastigá-lo, a boca fica um pouco adormecida. Sensação das boas.

No mercado de Macapá, as frutas vêm das redondezas e também de comunidades mais distantes. Castanha, mangaba e inajá, também açaí, cupuaçu, milho, bacuri, muruci, goiaba e coco. Tudo vira sorvete daqueles que nunca vi igual.

Cumprida a agenda de trabalho em Manaus, seguimos para Belém, a cidade do Círio de Nazaré, das árvores frondosas e das chuvas pontuais. Quando o avião começa o procedimento de pouso, podem-se ver, entre as nuvens mais densas, numerosos braços d´água. Parecem escapar da floresta que ainda prevalece na paisagem. De repente, não há mais braços. O fluxo de água doce alarga-se por quilômetros até se salgar por completo. Língua barrenta que se desmancha no verde do mar.

O glossário de árvores amazônicas, em livro, daria um catatau. Entre elas, destaca-se a samaúna. Cheia de frescor e de mistério, pode atingir setenta metros de altura. Pelo porte que ostenta, destaca-se na vegetação e é chamada Mãe da Floresta. Dá nome a cinco ilhas nos rios Tocantins, Tapajós, Uaupés, Cuminá e Curuá; aos lagos que podem ser vistos às margens do Amazonas e do Mamuru; além das cachoeiras do Rio Tiquié e outra no Catrinâmi.

Todas as variedades de samaúna armazenam água potável internamente. Conforme as fases da lua, a água desloca-se para a copa ou para as raízes, e provoca ruídos. Chamados de estrondos pelos nativos, podem ser ouvidos de perto e de longe. O chá da casca dessa árvore faz até mulher engravidar. A madeira leve e resistente se transforma em polpa de papel compensado para o fabrico de móveis e embalagens, e até embarcações. Das varandas do Centro de Convenções da Amazônia, em Belém, no Pará, pode-se ver uma exuberante samaúna. Conversas com quem é da cidade rendem um mundão de entendimento sobre coisas nem sonhadas.

Tudo tão real, um so-nho

Perdi duas cidades lindas;
uma nem tanto, e aquela
dourada que só existiu
enquanto sonhava eu vivia;
alguns impérios submersos,
de peixinhos elétricos,
conchas e corais; o *Tesouro
da Juventude* de meu tio;
o passaporte para o mundo
novo do meu avô.

Paisagens franciscanas

VIEMOS PARA A FAZENDA DE CAMINHONETE. SEU PEDRO, O PAI de Marisa, ao volante. Maria, a filha mais velha, amuada, ao lado, na cabine. E nós, embrulhadas em cobertores na traseira, fustigadas pelo frio da manhã e o poeirão da estrada.

Logo, logo é aquele desce e sobe de abrir e fechar porteiras. Tramelas pesadas deixam nossas mãos cheias de ferpas. Será que na casa vamos achar iodo ou ao menos álcool para desinfetá-las? Haverá alguém de boa vontade que nos alivie delas com alguma pinça ou agulha? Ainda bem que não nos ferimos em arames ou pregos enferrujados. Minha avó viu gente morrer de tétano por conta disso.

Na chegada, conhecemos todo o pessoal da família e agregados: dona Regina, Pedrinho e Mercinha, Regininha e Sô Carlos, velho contador de causos. Mostramos a eles as mãos. Riram da nossa desgraça.

187

— Quem manda vocês terem pele assim fininha?! Bem se vê que são daquelas que não pegam no pesado. Nas da gente, ferpas não entram não!

Alguém nos socorre, às gargalhadas.

Os da roça gostam de rir das coisas erradas que acontecem com os outros, de gente que escorrega na lama, que quebra o dedo, que acaba o namoro. "Coitada, vai acabar ficando pra titia!" Do safanão que o menino levou do pai por qualquer traquinagem. "O diabinho ficou vermelho que nem tomate, soltando fogo pelas ventas." De moça que o noivo fugiu no caminho da igreja, nem meia hora antes do casamento. "Já pode dar ou vender o baú com o enxoval que bordou e crochetou desde menina." Daquela que engravidou bem antes de se casar.

Riem ainda mais daquela que nem se casou e teve o menino de quem ninguém sabe o pai. Deve ser de gente de fora, porque filho de mulher sem vergonha livra a cara da mãe. Sai escarrado ao pai. O menino crescia sem que ninguém conseguisse estabelecer-lhe parecença com qualquer senhor ou moçoilo da cidade, das fazendas ou sítios dos arredores. O pai deve ter sido um mascate em andanças por aquelas bandas — prometeu-lhe mundos e fundos, e escafedeu-se. Ou de algum passante sem eira nem beira. "Bem-feito! Vai deixar de ser sassariqueira, de ter fogo no rabo? Aposto que não! Já, já embarriga de novo."

Tragédia alheia é comédia de erros. Pimenta nos olhos dos outros não arde. Tudo de bom ou ruim é motivo para causos e pilhérias. Fulano enricou, não cumprimenta mais os pobres. Dorinha, sonsa que só, se finge de santa. Dona Otávia, coitada, o marido morreu na zona. Vestiram o morto e o deixaram na calçada, bem perto da igreja. Para todos os efeitos, morreu de repente, do coração. É que gostava de andar de madrugada pela cidade. Dia mais dia menos, isso seria certo de acontecer.

A risadaiada explodia alguns segundos depois de revelada a maldade. Quanto mais seriedade ao se contar o causo, mais engraçado o final, sempre com chave de ouro. Havia também os que botavam alguma tenência na falação geral. "Quem cochicha, o rabo espicha." "Se tem telhado de vidro, bom não jogar pedra no do vizinho." "Muito riso é sinal de pouco siso." "Melhor não dizer que dessa água não bebo. Ninguém sabe o dia de amanhã."

Ferpas retiradas, foi aquela ardência toda, e a gente sem saber que desinfetante aplicaram em nossas mãos. O líquido era pastoso e estava num vidro opaco sem rótulo. Negaram-se a dizer o que era, mas pelo cheiro horrível podia ser até creolina, dessas de lavar chiqueiro. Nós nos consolamos com uma empanturração nunca vista de galinha ao molho pardo com angu de milho colhido naquela horinha mesmo, mais tutu de feijão, couve e torresmos daqueles grandes e carnudos.

Nem duas horas depois, Maristela nos servia café fraco e docinho, acompanhado de variedade absurda de biscoitos, brevidades, cuecas-viradas, manés-pelados, broas de milho e de amendoim adoçadas com rapadura.

A tarde já passava do meio quando descemos de caminhonete até as margens do São Francisco. Um dos mais famosos olhos-d'água desse amado rio nasce na região de Bom Despacho. Na fazenda, o arvoredo de suas margens parece nascer de águas aparentemente tranquilas. Canoas, um rancho, duas pessoas, mais do céu que da terra: Vicente e Maristela.

Tudo tão real! Um sonho! Andei de canoa, a princípio com medo. Depois, confiante em Vicente, velho remador que nunca na vida quis aprender a nadar.

— Quem gosta de viver molhado é peixe.

O riso dele nos dá coragem. Cantoria de pássaros nas árvores. O dia já vai dormir, mais adiante, nas águas serenas do açude.

A primeira
vez, o mar

LEMBRANÇAS DE TANTA ÁGUA TRAZEM-ME DE VOLTA O JANEIRO de 1971. Conhecemos o mar. Eu, Paulo, Zenilde e Stella pegamos um ônibus que saía ali mesmo do bairro do Ipiranga para Santos. Caía um pé-d'água daqueles. Cinco da manhã. Confiávamos de sair sem que o resto da casa percebesse. Não deu. Tio Walter acordou e quando viu que estávamos irredutíveis, que faríamos o caminho do mar mesmo com aquele temporal, nos levou de carro até o ponto da saída do ônibus. E, assim, pegamos a Estrada das Lágrimas e descemos a serra pela primeira vez. Roberto Carlos já cantava as curvas da estrada de Santos.

Não parou de chover um minuto sequer. Em Santos, pegamos a balsa para o Guarujá. E foi ali que, encharcados, ouvimos melhor a fera rugir. Dentro da bolsa, eu trazia um gravador, daqueles de teclas, fita cassete, último modelo, comprado a prestações na Solomac, uma loja que havia na W3 Sul, em Brasília. O governo militar incentivava o consumo. A expansão do crédito era controlada por restrição ou alongamento dos prazos. Em tempos de inflação em alta, prazos reduzidos. Se de economia fria, esticados.

Registramos o barulho das ondas sob uma chuva tenebrosa. Nas três únicas fotos que tiramos, estamos vestidas dos pés à cabeça. Pintos molhados. Era verão e morríamos de frio diante de um mar cinzento cercado de concreto. Nada de palmeiras, redes, brisa e sabiás. Em 1974, conheci o de Fortaleza com a amiga Helô. Em 1978, o mar do Rio de Janeiro. Em fevereiro de 1979 cruzei, enfim, o Atlântico.

Fogão de fora, fogão de dentro

A CASA DA FAZENDA É AQUELA SIMPLEZA COM TODO O NECES-sário. Logo depois da porta da frente, na entrada, o grande pote de água fresca e a bandeja com copos de alumínio. Lá longe, no fim do quintal, o fogão improvisado. Apenas a trempe de ferro em cima de pedras mal-ajambradas.

O fogão de fora devora ramos secos e pedaços de madeira velha abandonados, que, em rondas diárias, a família e agregados vão juntando em pequenos montes. Depois, é só Galo passar com a carroça e recolher tudo. Palhas de milho secas estão sempre penduradas nos varais. Prontas para darem início ao fogaréu. É assim que se ferve muita água para os banhos em baciões e para desencardir a roupa mais clara, que se cozinha a mandioca do almoço, que se faz o toucinho virar banha. Também doces em tachos para o ano inteiro: de mamão, de leite, de figo, de banana, de goiaba, de cidra, de abóbora.

Perto do tanque, é grande o alvoroço em dias de fazer polvilho para pães e biscoitos de queijo. A mandioca é lavada e ralada. A massa fica de molho e depois, dentro de panos brancos de algodão, é espremida com força. O líquido grosso descansa em grandes vasilhas até que o amido assente direitinho. Então, é só se livrar com cuidado da água que ficou por cima e deixar todo aquele branco, que já dorme no fundo, secar ao sol. Não se pode esquecer de cobrir com panos leves, quase transparentes, para que o vento não carregue tudo e deixe a grama em volta da casa toda nevada. Seco, o polvilho é peneirado até ficar fininho e sem caroços. Aí é só guardar bem guardadinho, em latas, daquelas grandes, longe da umidade.

Cana-caiana,
doce e macia

LÁ DA COZINHA, O CAFÉ SE ANUNCIA. BETO ME FAZ PULAR DA cama. Primeiro, bate impaciente as patinhas sujas no cobertor. Depois, esfrega o nariz gelado na minha cara e logo vêm aquelas lambidas babentas. Já passa da hora de chacoalhar a preguiça do corpo.

Na chapa do fogão, o bule verde esmaltado fumega. À mesa, leite e biscoitos de polvilho, bolo de fubá e queijo fresquinho. Maristela soca o pilão e faz o milho virar quirelinha. Bem cozida, será servida com costelinhas de porco — tomara que já no almoço!

Do curral, vem a voz forte de Chico no comando. É hora de separar os bezerros das mães e devolvê-los à pastagem. Só serão reunidos à tarde, após a segunda ordenha do dia. São separados de novo, porque é de noite que se faz o leite da manhã. Regininha espanta galinhas e frangos dos canteiros de alface. A cerca de bambu já gasta, mas ainda firme, não serve de nada. Só se cortar as asas dessas aves impertinentes, o que dá dó. Coqueiro resmunga. Sô Carlos pisa em ovos pela casa e assusta gatos desprevenidos.

O vento que chega à varanda faz voarem as cortinas da sala e traz o doce da cana-caiana, macia, que Mercinha descasca lá no quintal. Stella procura abacaxis maduros. Os já comidos um pouco pelas gralhas são os melhores. Embaixo da árvore perto do gamelão, onde o polvilho se assenta, Beto e Pelezinho peleiam. Beto late sem parar, Pelezinho solta gemidos que nem criança.

Stella volta com a cesta de palha abarrotada. Não vemos desses abacaxizinhos na cidade quase nunca. Na ponta são azedinhos; no meio, bem docinhos. Também trouxe um tanto de florezinhas, dessas sem-vergonhas, que nascem ao deus-dará. Agora procura vasos. Não tem. Maristela faz garrafas de vidro verdes e azuis de vasos. Os arranjos ficam bonitos. Pena que, à tarde, mesmo com água trocada e fresquinha, já estarão tristinhas. Flores, dessas que nascem e crescem ao léu, são frágeis. Melhor deixá-las onde estão. Quem se ocupa do almoço não tem pressa com as panelas. Quando a demora passa da conta, é aquela ladainha lamurienta dos que acordaram cedo e pegaram pesado na roça.

Roupas novas
para velhas
canções

O DIA JÁ QUASE PASSOU TODO. MARISA LIGA A VITROLA. "MEU coração não se cansa/ de ter esperança / de um dia ser tudo o que quer." Do primeiro álbum de Caetano Veloso, *Domingo*. Na capa, o compositor e Nara. Trouxemos também na bagagem o álbum solo que ele gravou no ano seguinte, 1968. É o *Tropicália*, com Gal, Gil, Nara, Os Mutantes e Tom Zé.

> E quando eu me vi sozinho
> Vi que não entendia nada
> Nem de pro que eu ia indo
> Nem dos sonhos que eu sonhava

Uma, duas, três, sete vezes... A mesma música até alguém gritar:
— Vai furar, vira o disco!
Em 1971, Luiz Gonzaga também gravaria "No dia que eu vim-me embora" e nos apaixonaríamos ainda mais pela música. Com vinte anos, só queríamos ir embora sem saber para onde. E nem tínhamos ainda uma vida para ser abandonada.
O primeiro disco de Maria Bethânia era outro que nos fazia companhia. Foi, então, que aprendemos a cantar "Mora na filosofia", "Feitio de oração" e "Anda Luzia". Músicas antigas ganhavam roupas novas e nelas começamos também a navegar. Roqueiros, Beatles, Tropicália, Clube da Esquina, Paulinho da Viola. Tão bonitas as capas dos discos!
Gal aparece, na capa frontal do "India", de tanga vermelha, colares de contas e saia de palha. Na contracapa, os seios nus da cantora. Para que não fosse recolhido pela censura da ditadura militar, foi vendido embrulhado em plástico azul. Era 1973, quem quis viu o show da Gal no hoje considerado pequeno auditório da Escola Parque da Asa Sul. Apenas quatrocentos e cinquenta lugares. Em

tempos de megashows, impossível imaginar estrelas, na fase de absoluto sucesso, em espetáculos assim, considerados de bolso. Quem viu, viu, quem não viu, nunca mais verá, assim de tão perto, a boca enorme e vermelha de Gal cantando, violão entre as pernas arreganhadas para uma plateia que delirava.

Encontrei registrado em folha solta que escapou do cesto de lixo, que num dia qualquer de 2010, estava comprando frutas na 215 Norte e a voz rouca de Amy Winehouse impregnava o ambiente. O senhor que fazia os recebimentos cantarolava baixinho. Quando éramos jovens, os mais velhos tinham solene desdém para as novidades musicais.

Na volta pra casa, fiquei com saudades de Janis Joplin. Outra maluca, descontrolada. Morreu aos vinte e sete anos de overdose de heroína. Escrevi: "Que Amy tenha melhor sorte. Se é sorte passar dos trinta e envelhecer". Vó Ina achava que não: "Quanto mais se vive, mais se sofre. Melhor morrer jovem sem ter se casado, tido filhos, nem ter passado a vida com a barriga encostada no tanque e fogão". Ou na contínua perseguição do sucesso que chegou depressa demais.

Amy morreu em 2011, também aos vinte e sete anos. Do resgate de Jane Joplin sem vida, nada me lembro. É um lamento amparado por algumas poucas fotos de seus últimos dias. Mas neste milênio, quando tudo pode ser acompanhado pelo mundo inteiro em tempo real, foi dolorido demais ver Amy sair pela porta da casa numa maca, dentro de um saco preto.

Novembro de 1972. Era noite, quando entrei numa sala pequena, apertada de gente, de um dos apartamentos da 312 Norte. Não conhecia ninguém. Estava ali acompanhando minha irmã e o namorado dela. Sentados no chão, dois rapazes de cabelos encaracolados cantavam ao violão: "Botei na balança você não pesou. Botei na peneira,/ você não passou". Em seguida, uma garota cantou, melhor que Gal, que o Antonico lhe fizesse um favor, que só dependia de boa vontade. "É necessário uma viração pro Nestor, que passa por grande dificuldade."

A partir daquele dia, graças ao Clodo e ao Zé Romildo, dois amigos de cantorias desde a adolescência, um do Piauí, outro do Ceará, que Luiz Gonzaga, Dominguinhos, Nelson Cavaquinho, Cartola e tantos outros se apresentaram mais fortemente na minha vida e ficaram para sempre.

Minas dos Cataguases

É DE TARDE, E O SOL NÃO APARECEU. NO CURRAL, BEZERRINHOS se enovelam em busca de calor. Caldo de Feijão relincha e dá uns pinotes. Não gosta de ficar amarrado à porteira. Uma velha árvore, raízes grossas à mostra, galhos enormes e verdes. Mais distante, o morro quer tocar o céu. Na vitrola, Nara Leão: "Há uma rosa linda/ no meio de um jardim/ dessa rosa cuido eu/ quem cuidará de mim?".

Novamente, o açude. A canoa, Zé Maria ao remo. Ramos verdes brotam das funduras, peixes nadam devagarzinho. Os olhos de Zé Maria são águas do açude; neles, iarazinhas dançam.

À noitinha, a barraca de pesca. A caminhonete abriu estrada pelo mato ralo e frágil. Sentada num tronco de árvore que chega quase até o meio do rio, vejo o São Francisco em toda sua glória e majestade. Na volta, Zé Maria dirige, todo atenção na falta de caminho à nossa frente.

Bom Despacho e quase toda Minas já foram o País dos Cataguases. Também Campos Gerais dos Cataguases, antes de ser a capitania com o nome que tem até hoje. Guerreiros defenderam suas terras da sanha de bandeirantes à procura de pedras e de metais preciosos. Perderam tudo para o "povo ruim" de tantas lonjuras, na segunda metade do século XVII. O primeiro a enfrentá-los, mais ao sul, foi Fernão Dias Paes Leme com uma tropa de seiscentos homens. A derrota definitiva foi imposta por outro bandeirante, Lourenço Castanho. Depois, é a história da chegada dos escravos africanos. O Ciclo do Ouro se inicia.

Casa vazia

É DOMINGO. DE NOVO. ZÉ MARIA FOI EMBORA DA FAZENDA, COI-sas para resolver em Belo Horizonte. Dona Regina adoeceu e foi embora também. Seu Pedro nos trouxe reveladas as fotos que ti-ramos por aqui.

O dia foi quentinho e cheio de sol. Agora venta muito. Vento forte que nos fustiga para algum abrigo. Resistimos. Parece que vai chover. Chove. Choveu quase tempestade. Ficamos um bom tempo naquela desviação de raios longínquos. Os trovões reverberam e gritamos, me-drosas. O povo da casa só naquela lengalenga destemperada:

— Entrem pra dentro, meninas. É perigoso!

Escrevo, Stella toca violão e Marisa faz nossa janta. Quase toda a familiagem tomou o rumo da cidade. Vicente e Maristela passa-ram de visita. Chico não nos desamparou. Somos nós e o pessoal da fazenda. O vento que antes assobiava, agora uiva, entra pelos vãos das telhas, apaga as lamparinas, que a luz elétrica já foi em-bora faz tempo. Vou dormir.

De volta
para a cidade

SEU PEDRO LERDO NA DIREÇÃO DA CAMINHONETE. A ESTRADA é velha conhecida. Cada buraco, cada pedra, cada rancho capenga, telhado despenteado, cada árvore caída rendem histórias. A buzina está rouca de tanto espantar galinhas, moleques desatinados, mendigos trôpegos.

Stella e Marisa, no banco de trás, continuam numa proseira sem fim. Desfiam rosários de acontecimentos e desacontecimentos. Verdadeiros e fabulosos. As vozes dos três misturam-se, palavras e silêncios encontram-se e desencontram-se. Nas missas de minha infância, os padres rezavam em latim e os fiéis, em muitas línguas estranhas. Alguns murmuravam. Outros apenas mexiam bocas murchas sem dentes.

Nas décadas de 1950 e 1960, pobres descalços de Ouro Fino nem se atreviam a participar do culto na parte principal da nave da igreja, a do altar e das fileiras de bancos. Passavam a missa toda de joelhos rezando o terço. O altar, o coro, o organista, o padre eram apenas cenário e trilha sonora para suas preces e lamentos. Um grande teatro que os ignorava.

Os pobres da cidade e das roças ficavam quase sempre perto das portas — laterais ou principal —, como se temessem ser enxotados a qualquer momento. Só se aproximavam dos altares para as rezas finais, quando os bem-vestidos e calçados tomavam o rumo de casa. Naqueles tempos, endinheirados tinham assentos exclusivos nas igrejas. Os bancos da frente ostentavam nomes pomposos de famílias conhecidas que mandavam na política, na produção e no comércio. Se ausentes, ninguém se atrevia a ocupá-los.

A história da igreja Nossa Senhora do Bom Despacho replica o que aconteceu em muitas outras pequenas e médias cidades de Minas, a partir do século XVIII, quando o Brasil deixou de ser apenas litoral, e o interior começou a ser desbravado à custa de florestas, rios, animais e nativos pelos chamados bandeirantes e seus pequenos exércitos, ou simplesmente por aventureiros solitários ou em bandos. Marca-se, então, a posse da terra com uma pequena capela. A primeira de Bom Despacho era coberta de sapê. Depois de derrubada, deu origem à outra já coberta de telhas.

Foi preciso gente de respeito, inclusive padres, morrerem de velhice para que a igreja barroca de Bom Despacho fosse derrubada sem choro nem vela. "Pessoas apegadas ao passado eram contra", afirmam registros que se pretendem históricos. Como se a maior não pudesse nascer em outro lugar. A pedra inaugural da igreja que sobrevive — com algumas mudanças e reparos — foi cravada com festas em dezembro de 1927. O resto é história.

Muitas dessas capelas foram embriões de igrejas coloniais barrocas demolidas nas primeiras décadas do século XX. Deram espaço às que existem hoje por exigência dos moradores mais ricos, políticos e uma parcela de religiosos. Igrejas majestosas comprovavam o poderio político e econômico dos municípios emergentes.

A igreja de Ouro Fino, assemelhada à da Sé de São Paulo, soterrou três outras igrejas. A primeira dos tempos dos bandeirantes. Seu Pedro buzina para os de casa. Que susto! Desperto do meu devaneio. Chegamos.

200

Desprezou a riqueza, ganhou o céu

À TARDE, FOMOS, STELLA E EU, À PRAÇA, ATRÁS DE SORVETE. Saindo do centro, caminhamos por ruazinhas de gente descalça e malvestida. A pobreza escondida revela-se completa. De repente, uma casa toda branquinha, flores na janela, quintal bem cuidado.

Na manhã seguinte, nova caminhada pela cidade. Fomos até a igrejinha azul que vemos da janela do nosso quarto. Fica num lugar bem alto. Ventava muito e a cidade dormia despreocupada lá embaixo.

Stella está na sala e toca violão. Zé Maria voltou de Belo Horizonte. Afunda-se na poltrona, cheio de preguiça. Gina e Mercinha andam às tontas pela casa, arrumando tudo para a viagem. Uma prima se casa em Dores do Indaiá, aqui perto. Vou conhecer a cidade onde Stella nasceu.

Registro do dia seguinte: Viemos para Dores na traseira da caminhonete e engolimos muita poeira apesar dos nossos rostos e cabelos cobertos por lenços. A cidade tem ruas largas, planas e bem traçadas. Passamos pela igreja. Muita gente para uma missa de quinta-feira! Ou será que a gente daqui reza assim todos os dias? Em frente da igreja, a praça, bancos e jardins, namorados. Árvores verdes e bem copadas. No céu, uma luazinha. Parece domingo. Gente pelas calçadas das ruas sem movimento de carros, sem buzinas.

A festa de casamento foi no clube da cidade. Meninas de vestidos longos pareciam flutuar no vai e vem da dança com rapazes de elegantes ternos escuros. Felicidade de crianças se esbaldando no jardim de bombons, quindins e beijinhos sobre a mesa.

Não consegui dormir. Abri a porta da casa à espera do dia aparecer. Stella logo se levantou. Fomos até a torneira do quintal e lavamos o rosto. Dia clareando devagar, subimos até um morro bem alto. Lá de cima, a cidade definia-se em meio à neblina que se desfazia ao sol. O traçado das ruas, luzes ainda acesas. Casas de janelas e portas fechadas. O sol ilumina a torre da igreja e os sinos dizem que é hora de a cidade acordar.

Voltamos para casa. Janelas abertas, cobertores e travesseiros expostos ao frescor da manhã. Mulheres varrem as calçadas. O café está pronto. Pão caseiro, bolo de fubá e biscoitos de polvilho.

O ônibus da nossa volta de Dores do Indaiá, passa pelo Engenho, vilarejo onde moram Galo e João. Filme que levarei comigo pela vida toda. Lembranças se acrescentam em cada nova edição. Ainda tão perto da fazenda, tão grande a saudade! Vontade de ver, mais uma vez que fosse, Pau-de-fumo, Pelezinho, Futrica e Duquesa. Conversar com Lelê, Eulina, Maristela. Já, já, novamente Bom Despacho desponta depois de alguma curva.

O ônibus, porção de ferros enferrujados, é dirigido por um motorista lerdo e pançudo. A estrada, estreita, poeirenta, pedregosa. Morros seguem o balanço maluco do ônibus. Vacas e galinhas correm da estrada, assustadas com o buzinaço. Por toda parte, latões de leite pelas porteiras. Caboclos perambulam sem pressa. Casinhas de pau a pique. Crianças espreitam das portas, olhos compridos nos de fora. Fumaça comprida faz nuvenzinhas no céu. Chaminés encardidas.

De vez em quando, um homem forte e elegante em suas botas e calças largas. Um cavalo bonito e bem tratado. Engenho, cidade em miniatura. A igrejinha branca, rodeada de casas tão simples, é dedicada a Santa Rosa de Lima, freira peruana nascida no século XVII. Representada com hábito da ordem das dominicanas, tem na cabeça uma coroa de rosas vermelhas. A santa nasceu Isabel Flores y Oliva. Dizem que, de tão linda, mudaram-lhe o nome para Rosa. Nasceu rica, ficou pobre. Cultivava rosas que vendia no mercado e, por isso, é a padroeira dos floristas. Linda e prendada, também costurava, cantava, tocava harpa e viola.

Pretendentes ricos disputavam-lhe a mão, mas a todos rejeitou por amor a Cristo. Recebia visitas de Nossa Senhora, acompanhada sempre do Menino Jesus, que um dia foi para seu colo e lhe deu a coroa de rosas. Seu melhor amigo era o anjo da guarda com quem conversava. Além de curar doentes, ajudar desvalidos e viver permanentemente em oração, também teria impedido que Lima fosse invadida por piratas holandeses em 1615. Foi a primeira santa canonizada da América.

Nossa Senhora sem rosto

TANTAS AS NOSSAS SENHORAS, TANTAS AS IGREJAS QUE LHES são dedicadas. Em Brasília, a mais querida é a igrejinha da 508 Sul, a de Fátima, graças à devoção de dona Sarah Kubitschek. Diante da suntuosidade da catedral, inserida na Esplanada dos Ministérios, num tempo em que os católicos davam as cartas, e da Dom Bosco, que profetizou a construção da nova capital, a igrejinha é pouco mais que uma capela. O ateu Oscar Niemeyer a desenhou inspirado nos chapéus brancos, aqueles de abas grandes, das irmãs de Caridade de São Vicente de Paulo, que ele bem conhecia no Rio de Janeiro.

Por fora, a capela é revestida de azulejos de Athos Bulcão, que estilizam a pomba branca da paz em fundo azul. Azul e branco, o céu de Brasília. Ao centro, uma Nossa Senhora sem rosto levita no precioso azul, iluminado por mil estrelinhas cintilantes. Sob os pés, esparramam-se florezinhas, dessas vadias, que crescem sem cuidados neste mundão de Deus. As mesmas florezinhas coroam Nossa Senhora, que traz nas mãos um rosário estilizado em forma de pipa. As contas de desfiar ave-marias e pai-nossos são carretéis, desses que carregam os fios que permitem às pipas o voo em dias de vento.

A obra é de Francisco de Fátima Galeno, artista criado em Brazlândia, Distrito Federal, Nasceu em Parnaíba, Piauí. O que pinta e esculpe são memórias da infância. Foi escolhido para pintar as paredes internas da igrejinha, antes adornada por afrescos de Alfredo Volpi, que o tempo e o descaso destruíram. O trabalho foi acompanhado, passo a passo, por beatos e beatas, além de críticos dos mais ortodoxos, que consideraram escandalosa e desrespeitosa a ousadia do artista. Não conseguem enxergar, na pintura, a Nossa Senhora de Fátima, em honra de quem a igrejinha foi erguida.

A *Madonna sem Rosto* de Galeno são todas as que aparecem aos católicos com mensagens celestiais, em tempos de fome, doença, cataclismos ou pesadelos políticos. As translúcidas das pinturas de

Leonardo e Rafael. A *Pietá*, de Michelangelo, As concebidas sem a nódoa original e que ascenderam aos céus de corpo e alma. As Madonnas Negras, a de Tindari, a de Rocamadour e de todas as rochas e grutas do mundo. E todas as mulheres, Maria ou não, deste Vale de Pecados e Lágrimas. A pipa é a alegria das crianças, nas mãos da Mãe de Jesus, para quem a maternidade foi Graça recebida. O trabalho de Galeno emociona-me há décadas. Agora, tem também minha reverência. Nosso artista honrou todo o trem das cores do mestre Volpi e soube traduzi-las em puro encantamento nas paredes da igrejinha.

Além da pintura sem rosto, há uma Nossa Senhora de Fátima de gesso, no altar. Ficaria bem colocá-la tendo por fundo apenas o céu azul estrelado da parede. Não, foi colocada justapondo-se à obra do artista. As pinturas de Galeno certamente dispensam a imagem. Mas, senhoras piedosas, que ali rezam o terço diário, foram exigentes.

"Aqui estou!"

HISTÓRIAS DE SANTOS EMBALARAM MINHA INFÂNCIA. NOSSOS santos de devoção e Nossa Senhora não só visitavam famílias de bom coração, como o Menino Jesus fazia travessuras com as crianças da casa. O olho de Deus via tudo — até os biscoitos que roubávamos, sempre escondidos na prateleira mais alta do armário da cozinha. Anjos da guarda estavam sempre de asas abertas, protegendo-nos de gente má e de pinguelas traiçoeiras.

Tudo o que fazíamos de bom, não só nossos pecados, era anotado pelos santos ajudantes de Deus Pai Todo Poderoso. Tudo para que, quando batêssemos às portas de São Pedro, a contabilidade de nossa vida — haveres, deveres, débitos e créditos — fosse calculada bem rápido.

O resultado nos encaminharia diretamente ao Paraíso ou ao Inferno. Também havia o Purgatório, no caso de leves oscilações da conta final para o mal. Passaríamos lá um bom tempo até que nos livrássemos de todos os pecados e pudéssemos nos apresentar novamente, transparentes, expiadas todas as culpas, ao guardião das chaves do Céu.

Nas histórias que nos contavam, Jesus sempre aparece, aos doentes e aflitos, vestido de branco e cercado de luzes cintilantes. Não tem coroa de espinho, nem pregos nos pés ou chagas pelo corpo. Chega de mansinho ao quarto do menino pobre doente que, faz dias, implora por sua visita. O pai diz que Jesus está muito ocupado, que dificilmente chegará àquela humilde casa. Mas eis que, antes de a madrugada acontecer, tudo se ilumina de luz jamais vista. Luz que não cega, só conforta. E Jesus diz ao menino:

— Aqui estou.

206

Crianças nem tão boazinhas assim

VIDAS DOS SANTOS, AS TAREFAS DOS ANJOS E O CATECISMO SE iluminaram nossa vida de crianças também nos lançaram ao escuro do medo. Nunca seríamos tão bonzinhos ou pobrezinhos o suficiente para merecermos a visita — com direito a cafezinho e conversa — de Nossa Senhora. Nunca teríamos o privilégio de brincar com o Menino Jesus. Não sofríamos as dores do mundo de um tanto que despertasse a compaixão dos Céus. Também era muito difícil sermos o tempo todo comportados, estudiosos, pacientes, não chorar por qualquer coisa, não responder, mesmo em pensamento, aos nossos pais.

— Menina respondona, espera só para ver o que te acontece! Pode esperar que Deus não falha no castigo!

Se ficasse doente, se caísse e se machucasse no caminho da escola, se não entendesse o que a professora dizia, era porque não tinha me comportado bem, não tinha rezado seriamente, contrita.

— Se não rezar direito, com fé, nenhum santo vai te escutar.

207

Eu só rezava para que meus pais não morressem enquanto fôssemos, eu e meus irmãos, crianças, porque não queria viver largada em casa de parentes nem ir para o orfanato das freiras. As meninas do orfanato iam às missas de domingo, em fila, vestidas iguais, em silêncio, sem olhar para os lados. Na cidade, corria à boca pequena que as freiras enfiavam as pobrezinhas no serviço pra valer e vendiam os melhores presentes que lhes eram doados. Eram obrigadas a esfregar o chão, lavar, passar e tudo o mais. Eu queria ficar com todos os meus presentes de Natal e aniversário, e não ter ainda mais obrigações daquelas que tinha em casa. Cuidar dos irmãos bebês, varrer o quintal, lavar louça, tirar a poeira dos móveis, buscar flores nos jardins dos vizinhos, sempre as mais bonitas, para o vaso da sala de jantar.

Irmã Terezinha — professora da Escola Nossa Senhora do Divino Amor, da época em que moramos em Arapongas, no Paraná — rifou a santa que ganhou de presente da mãe de uma aluna. Estávamos no terceiro ano do primário. A menina ficou sentida, mas a irmã logo veio dizendo que a santa saíra do altarzinho da sala para ajudar os necessitados. Contei pra minha mãe e ela:

— Que mentirosa!

Outra irmã nos dava bolinhos de banana, de tão gostosos sem iguais do mundo aqui de fora. Em troca, levávamos aos correios, em segredo, cartas para a família e amigos, sem que passassem pelo visto da madre Querubina, bem gordona de tanto comer as delícias da irmã Verônica, cozinheira e quituteira.

"Où j'ai laissé mon chapeau?"

FALTAM ALGUNS DIAS PARA PROSSEGUIRMOS VIAGEM ATÉ OURO Fino e já tenho saudade da fazenda. Na vitrolinha, Roberto canta pela centésima vez: "Você não sabe/ e nunca procurou saber/ que quando a gente ama pra valer"... Alguém grita, novamente, lá da varanda que vai furar o disco.

— Essas meninas nem sabem o que é bom de verdade. Cantor é o Nelson Gonçalves e ponto. "A deusa da minha rua/ tem os olhos onde a lua/ costuma se embriagar."

Roberto contra-ataca: "Bom é ser feliz e mais nada, nada".

João é só riso neste meu filme que a memória começa a editar. Pele queimada de sol, cabelos negros, sempre terno com os animais. Galo galopa com fúria, metido em calças de couro, rosto escondido pelo chapéu. O barulho de suas botas ecoa pela casa e o tilintar das esporas são sinos insistentes.

Coqueiro e sua cachaça. Coqueiro bebendo água com vontade do pote da sala, fazendo barulho com a caneca esmaltada. "Quantas segundas-feiras você passará nessa vida tomando café forte, bebendo água sem parar, chupando limão para curar a ressaca das pingas do fim de semana lá no barzinho da Extrema?"

— Coqueiro, olha que a cachaça vai estragar tua vida!

— Cala a boca, menina, que cachaça é vida! Pinga só é ruim pro bolso da gente. Na garganta e no coração, desce boa pra daná!

Chico de chapelão, cigarro de palha no canto da boca, bota amarela de couro. Tratora como se cavalgasse a égua que depois do trabalho do dia é só nos cuidados.

— Chico, qual o nome da sua égua?

— Égua é égua, não carece de nome!

Não tem nome para ele; para o pessoal da fazenda, é Baronesa.

Chico, o homem mais rico do mundo, mora num ranchinho barreado à beira da estrada. Tem por companhia Marícia, Márcia e Baronesa.

Anda altivo no meio do gado, quase nunca faz a barba. Sempre está com fome e come satisfeito. Vive sem pressa. Gargalha e a alma, feliz, lhe sobe aos olhos.

Sô Carlos e Caldo de Feijão. Cavalo amigo inseparável. Anos e anos vividos juntos. Estradas sem conta percorridas por esse mundão de Deus! O velho vaqueiro não se cansa de contar histórias ao pé do fogo aceso; cada conto, aumenta um ponto. Ninguém se importa. Sô Carlos fala emendando palavras em francês e até frases completas.

— *Où j'ai laissé mon chapeau?*

Desprezou tudo o que tinha para se tornar o mais pobre de todos, o mais solitário do lugar. Liberdade é passar parte da vida juntando tesouros e, depois, espalhá-los aos quatro ventos. Sem tristezas, sem remorsos. Contador de causos dos quais nunca é personagem. Diz que a própria vida não interessa a ninguém. Certamente, se contado, até de trás pra frente, aos saltos, seria o mais bonito, o mais emocionante dos causos à espera de ser ouvido.

Pacientes, juntamos cacos do que foi a vida dele, porque ninguém conta a vida dos outros sem escorregar pela própria história. Por mais que se esconda, sempre tem aquela pedra traiçoeira, cheia de musgo verde ou galho apodrecido que nos faz tropeçar. Quando percebemos, já estamos de cara no chão com as vergonhas explicitadas.

Sô Carlos, por livre-arbítrio, negou-se a cumprir a sina de uma vida de facilidades e prazeres. As maravilhas de sua infância e adolescência chegaram a ele embrulhadas na miséria que se via depois dos jardins da casa paterna. Dela saiu, depois de um amor não correspondido, sem nada de precioso levar. No grande embornal, apenas alguns tarecos e roupas. Poucas, além das que vestia. Assim mesmo, as mais leves e simples. No inverno fazia do cobertor um grande poncho. Saiu da riqueza, atravessou veredas conhecidas e teceu rede das desconhecidas. Com um grande facão que levava à cintura, cortava os galhos bem baixos. Depois de sua passagem, carros de bois carregados de milho ou de cana fixavam o desenho das trilhas que encurtaram a distância da Fazenda Encantada aos vilarejos mais próximos. As crianças puderam ir à escola. Os doentes, ao hospital.

Fez um caderno com nomes de ervas que curam e que poderiam ser encontradas sem dificuldades no mato ralo. Pedia aos pais que levassem a filharada à vacinação. Coletava frutas e sementes comestíveis. Trocava tudo por livros na cidade. Vestia e comia o que lhe davam. Na casinha em que morava, telhado quase sucumbindo, de luxo só um grande rádio, daqueles bem antigos. Logo desistiu também de ligá-lo e seguir as notícias do mundo.

A voz rouca e pausada do velho solitário ainda reverbera pelos cafundós das matas, veredas e rios das Gerais. Contaram-me, anos depois, que passados alguns dias da morte sem aviso de Caldo de Feijão, Sô Carlos sentou-se à sombra de um velho buriti amigo e confiou-lhe segredos, alegrias e tristezas. Não queria mais ficar zanzando, feito fantasma, por aquelas trilhas cada vez mais alargadas. Também não queria buscar qualquer coisa que deixara para trás. Fechou os olhos. A brisa suave e perfumada o abraçou gentilmente. Sentiu-se acalentado ao subir aos Céus, flutuando no facho da luz definitiva.

Era uma vez a Tiuca!

CRIANÇAS, SABÍAMOS DE DUAS ESPÉCIES DE BICHOS. UMA DE A gente gostar, se apegar, cuidar. E outra também de cuidar, mas para que ficassem logo gordinhos e crescidos, no ponto de caminharem para a panela. Esperavam por eles a comilança dos dias úteis ou inúteis. Natal, Carnaval, Quaresma, Páscoa.

Havia sempre uma data pra celebrar a matança nos quintais de antigamente. Mesmo assim, nos apegamos a uma galinha poedeira, depois chocadeira de muitas e muitas ninhadas. Tinha até nome: Tiuca.

Elzinha colocava treze ovos para chocarem. Sempre número ímpar pra dar sorte. E Tiuca levava todos a bom termo. E os treze pintinhos virariam todos frangos para nossos almoços de domingo se não houvesse cachorros, meninos ladrões pela vizinhança ou quedas de portões e mourões podres bem em cima de algum dos pobrezinhos.

Tiuca era galinha passeadeira. Não podia encontrar um portão aberto que saía pra rua com sua ninhada. Quando demorava a voltar, já de noitinha, hora de entrar no galinheiro, se ela não aparecia, era aquela preocupação. Minha mãe então acendia uma vela pras almas. Fazia umas rezas. E não demorava pra ouvirmos o có... có... có dela chamando a ninhada que piava estridente. Milho pra Tiuca. Quirelinha pros pintinhos. E todos, "já pro galinheiro!"

Pintinhos amarelinhos ou cinzentinhos, que gracinhas! Pena que cresciam! Logo ficavam desajeitados, pernas compridas e tocos de penas aparecendo. E, para piorar, quando chegavam perto da Tiuca, recebiam bicadas de fazer dó.

— Por que isso, mãe?

— Pra aprenderem a se virar sozinhos. Embaixo das asas pode ser quentinho, mas não é pra toda vida! E se comportem, porque logo, logo, posso fazer isso com vocês também. E, se continuarem malcriados, vai ser bem cedo!

Dona Elza era um terror! E bote terror nisso. Nem nosso amor, nosso apego pela Tiuca, a salvou. Antes que passasse completamente do ponto, que a carne enrijecesse de vez, foi para o panelão. Virou canja. Nem ousamos falar nada por temer beliscões que nos deixavam marcas roxas por dias. Relutamos um pouco diante do prato. Mas a fome era tanta que repetimos até que... Era uma vez a Tiuca!

Delírios
de meninas
escrevinhadoras

A JANTA ERA SERVIDA, MESMO NA CIDADE, POUCO DEPOIS DAS seis. E, lá pela meia-noite, quando chegávamos das andanças por ruas desertas e conversas intermináveis a lustrar com nossos jeans surrados os bancos dos jardins da igreja — aos cochichos para não acordar gente implicante —, encontrávamos a mesa posta. Quitutes que iam de mingau de fubá e arroz-doce a biscoitos de muitos tipos. Os mais velhos haviam se servido lá pelas nove e meia, já de pijamas e camisolas, prontos para a escovação dos dentes e o caminho da cama. Pé ante pé, beliscávamos alguma coisa para continuar, no quarto, a converseira que ia e vinha do nada. Travesseiro espremido na cara abafa nosso riso. Stella diz que a mãe acha os filhos baixinhos.

— Mas a tua mãe e teu pai são baixinhos — retruca Marisa.

Choramos de rir. Será que os pais de Stella esperavam que os patinhos saídos de seus ovos ganhassem, a partir da adolescência, pernas de garça e pescoço de cisne?

Das três, duas sem futuro à vista. Stella e eu. Sem muita esperança e confiança na sorte de uma vida melhor para pais e irmãos que não dependesse de algum sacrifício pessoal imediato. Dramáticas, nos víamos subindo as escadarias de templos antigos perdidos por selvas ou desertos, resignadas aos sacrifícios que garantiriam a sobrevivência dos nossos familiares.

Marisa sequer pensava em decifrar tais exageros. Depois de um namoro desfeito em lágrimas e promessas de que nunca, nunca mais, amaria alguém, engatara outro bem depressa. Rapaz de boa família de uma cidade ali pertinho. Irmão do amigo de São Gotardo, que conhecera na Universidade de Brasília. Em alguns anos, certamente estaria cheia de filhos. Seríamos, então, apenas as amigas que, coitadas, sonharam demais um dia.

Stella falava de ser atriz, cantora, compositora... de ser escritora. Ainda menina, escrevia histórias compridas em cadernos escolares. A mãe

214

achava tanta escrevinhação desperdício de tempo. Poderia estar bordando, cozinhando ou costurando que daria mais certo. E, quando já garota, que poderia estar de olhos compridos nos rapazinhos ali da rua mesmo. Bobagem alguém de endereço em Taguatinga, coberta de pó na seca e de lama nas chuvas, no final dos anos 1960, acalentar sonhos tão amalucados! Uma dos sete filhos de Mário, motorista, e Célia, dona de casa fazedora de quitutes, Stella alimentava seus sonhos com delícias mineiras.

Todo dia era dia de pão e biscoitos de queijo naquele barraco de madeira e chão de cimento espelhado de tanta cera, vermelhão em pó e querosene. O brilho vinha depois de muito trabalho de braço, manejando-se, sempre na mesma direção, horizontal ou vertical, nunca em ziguezague, o cabo de um escovão incrustado em uma base de ferro para dar peso suficiente à retirada do opaco que resultava da aplicação daquela mistura incendiária. Aberto o brilho pela escovação pesada, vinha o polimento. Qualquer pano velho e macio faz o escovão deslizar que é uma beleza! Às vezes um dos irmãos, os ainda bebezões, fazia o escovão de cavalinho entre gargalhadas e gritinhos, que só aumentavam o nervosismo da mãe, sempre à flor da pele. E, logo, vinha lá da cozinha aquele grito esganiçado de "pare com essa algazarra toda!"

— Olha que a minha chinela vai cantar direitinho!

Stella tivera a sina de nascer mulher e primogênita. Que fizesse o magistério e, ainda sem completar dezenove anos, começasse a lecionar em alguma escola do Distrito Federal. Que se casasse e tivesse filhos, assim estaria seu destino de bom tamanho. Para quem é, sardinha basta. Bacalhau é coisa de rico. Muitos dos cadernos com os manuscritos de Stella foram para a lata de lixo pelas mãos da própria mãe. Outros se perderam nas tantas mudanças.

Também sempre gostei de escrever, mas não sei inventar histórias. Escrevo pequenos textos, depois emendo tudo, um a um, até que juntos façam algum sentido. A escrita e a vida me acontecem aos solavancos, cheias de inesperados felizes e trágicos, cheias de sonhos, quase todos, puro delírio.

Sinal
de Caim

MENINA, ESPICHADA NA MURETA DO ALPENDRE DA CASA, ABS-traída, gostava de pastorear nuvens. Aos treze anos, lia Graciliano, Machado, Graham Greene e Somerset Maugham. Aprendi a ler soletrando as manchetes do *Estadão* e da *Folha*. Além de fazer nada — quando a mãe permitia — e ler, queria era ouvir o pai declamar. "Senhor Deus dos desgraçados! Dizei-me vós, Senhor Deus, se eu deliro... Ou se é verdade, tanto horror perante os céus?" Para logo emendar: "*Nel mezzo del cammin di nostra vita/ Mi ritrovai per una selva oscura/ Che la diritta via era smarrita*".

O pai sabia um pouco de tudo. Especialista em generalidades e em fazer coisas inúteis. Era obsessivo na procura da perfeição. Pintava rosas e cravos, além de paisagens noturnas. Paisagens fósseis, de cristal. Nada respirava naquele azul triste.

Eu me sentia sozinha no quarto da fazenda, estranha no ninho, mesmo com Stella e Marisa ali pertinho. Naquele ninho e em todo meu mundo conhecido. Colecionava cartões-postais de cidades estrangeiras. Queria ter nascido menino. Seria mais fácil fugir de casa e vagar sem destino. Rasgaria por anos seguidos tudo que escrevia. Certo dia, no colegial, um amigo me trouxe dois pequenos livros: um com textos de Pascal e outro de Schopenhauer. Duas poções de veneno quase mortal para minhas pretensões de escrever algo que prestasse. Para que escrever, se tudo já fora escrito?

Temia o deboche dos mais velhos e dos que devoravam livros que nem cabritos devoram a grama, mas incapazes de ruminar o que liam ou de escreverem qualquer coisa a respeito. Mas sempre dispostos a cortarem as asas de quem se enveredasse por caminhos abertos por bênçãos ou maldições dos deuses. Não sentia vinda dos céus nenhuma aprovação aos frutos que sacrificava em altares de pedras. Também nenhuma aprovação aos sacrifícios da carne. Olhava-me no espelho todas as manhãs, procurando se meu

216

rosto havia sido contemplado, enfim, pelo inequívoco sinal de Caim. O sinal que me libertaria para o desterro. E nada.

Quis fazer jornalismo na Universidade de São Paulo. Meu pai riu com aquele desdém que lhe era tão próprio, de canto da boca. Depois, me vendo amuada, sem qualquer piedade, faz emenda pior que o soneto:

— Jornalismo é um mundo de homens e fechado pra quem mora em Taguatinga Norte. Vai continuar os estudos aqui em Brasília. Depois do Magistério, faça Letras, já que gosta tanto de literatura.

E ainda achando pouco:

— Onde mesmo você arrumou esse livro do Kafka? E essa história de pegar ônibus pra assistir aos filmes no Plano Piloto? Tem coisas boas passando aqui perto mesmo, no Cine Paranoá. Pessoas que você encontra no Cine Clube da Escola Parque pros filmes antigos em preto e branco ressuscitados, não sei quando nem onde, nunca serão tuas amigas. Depois de formada professora primária, vá lecionar. As escolas primárias estão precisando tanto de professores que nem se está exigindo concurso aos que se formam com média acima de sete, contratação imediata. Preciso terminar esta casa que comecei há oito anos e ainda está no osso. Sem portas internas, sem assoalho, sem pintura.

Carta nem enviada, metade perdida

Querida Marta,

Já é passada uma semana desde nossa conversa por telefone. Você prometeu me escrever e até agora nada. Mesmo sem receber tua carta, resolvi te escrever. Preciso conversar com alguém, mesmo assim de longe. Peço desculpas se me alongar demais. Por favor, tenha paciência e leia até o fim.

No telefonema eu te disse sobre meus planos, em São Paulo. Você deve ter estranhado. Mas vou explicar da melhor maneira possível. Sabe, quando você planejava cursar faculdade em Itajubá, mas acabou indo pro Rio fazer uma coisa completamente diferente. Também não compreendi tua decisão. Também não a compreendi quando deixou o Rio, depois de estar na metade do caminho para alcançar teu objetivo.

Às vezes, um não na vida da gente vale por mil sins. Só a coragem de dizer esse não, a certeza de ainda podermos confiar nas próprias decisões, vale tudo, não é mesmo? Pois foi isso que aconteceu. De repente, resolvi dizer não a uma série de coisas que estavam acontecendo na minha vida e lutar verdadeiramente por aquilo que quero.

Não sei se conseguirei, mas já que estava me sentindo frustrada sem ao menos ter tentado, não me sentirei pior depois de ter tentado e não conseguido. Não perderei nada se tentar, você entende? A minha ida pra São Paulo será só em 1970, se Deus quiser. Primeiro vou trabalhar aqui em Brasília, durante um ano. Me formo este ano professora primária e já tenho contratação garantida na rede pública, a partir do início do próximo ano. Como você sabe, deixei o cursinho pré-vestibular. Pretendo fazer logo intensivos de inglês e francês.

Meu objetivo é fazer Jornalismo na Universidade de São Paulo, na USP. Gosto de escrever, sonho ser jornalista. Tenho lido e ouvido coisas maravilhosas sobre essa faculdade, há pouco tempo saiu uma reportagem no Cruzeiro. Se eu pudesse, iria este ano mesmo prestar vestibular lá, soube que há 300 vagas. Mas prefiro não fazer nada precipitadamente e...

O infi-
nito
espelho
do pas-
sado

Perdi dois continentes,
uma coleção
de cartões-postais,
outra de cacos coloridos.
De vidro
o anel que tu me deste
se quebrou.
Como dói!

A radical lucidez da loucura

"POETAS SÃO CIDADES", DIZIA O PROFESSOR FRANCISCO AUGUSTO Pontes, do Departamento de Comunicação da Universidade de Brasília, segundo semestre de 1976. Anotei. Para conhecê-las, precisamos andar por elas. A esmo, na ignorância, ou levadas por algum amigo. Aí se descobrem barzinhos, recantos que escondem mistérios. Só assim sabe-se a cidade toda. Os caminhos aparecem claros.

Quem tem por ofício escrever precisa dos poetas, às dezenas, às centenas. Poetas conseguem resumir o absoluto em poucos versos. Tiram o esquecido da escuridão. O que descobrem são diamantes brutos pisados, ignorados por séculos, milênios. Lapidados, expostos em poemas, irradiam o arco-íris derivado de epifanias na solidão de caminhadas insones. São presentes que nos entregam de mão-beijada.

Precisas, linhas e entrelinhas do poema percorrem labirintos até a possível manhã ou à derradeira noite. Mostram-nos com clareza as forças elementares da natureza; os círculos do céu e do inferno. Trilhas pela selva escura sem nos desviar dos precipícios. Carruagens de fogo riscando os céus. Tiram-nos do conforto fácil, nos impregnam de dúvidas, de insatisfações. Da profunda melancolia cósmica e do regozijo de fazer parte do mistério primordial, origem e fim de todas as coisas. Oferecem-nos a radical lucidez da loucura.

A poesia é nossa alma que brilha em pleno dia e que, insone, vaga à noite, para se recolher na paz do absoluto cansaço ao raiar da aurora. Podemos nela nos descobrir. Com os poetas aprendemos que há luz na escuridão, que podemos atravessá-la na segurança de nossas próprias fraquezas. Aponta-nos caminhos de descoberta. Socorrem-nos. São os que nos empurram ao mais profundo dos abismos e, ao mesmo tempo, nos amparam na queda e, de novo, nos elevam.

223

Fernando Pessoa elegeu outro poeta, seu mestre:

— Leio, até me arderem os olhos, o livro de Cesário Verde

Precursor da moderna poesia portuguesa, amado e admirado por quem o conhecia, Cesário Verde morreu aos trinta e um anos ignorado pelo grande público e pela crítica. Fecha-se em seus versos, destila desprezo pela imprensa que o ignora. Se o que escreve tem valor, perdurará. Certeza igual à do sol que desponta a cada dia. De nada adiantará ignorá-lo no presente. E, ironicamente, responde, em versos do poema "Contrariedades", ao silêncio dos colunistas e do público, que se precipitam no reconhecimento do vulgar, do mais fácil.

Que mau humor! Rasguei uma epopeia morta
No fundo da gaveta. O que produz o estudo?
Mais uma redacção, das que elogiam tudo,
Me tem fechado a porta.
A crítica segundo o método de Taine
Ignoram-na. Juntei numa fogueira imensa
Muitíssimos papéis inéditos. A Imprensa
Vale um desdém solene.
Arte? Não lhes convém, visto que os seus leitores
Deliram por Zaccone.

O francês Pierre Zaccone foi um romancista popular e também autor de folhetins dramáticos e policiais, além de comédias. Bastante traduzido e encenado na Europa do século XIX. Nasceu muito antes de Césario Verde, em 1817. Morreu nove anos depois, em 1895, aos setenta e oito anos no castelo que hoje leva o seu nome, em Locquirec, à beira-mar, na Bretanha.

A verde ironia de Cesário

OS POEMAS DE CÉSARIO VERDE TRADUZEM IRONIA BASTANTE refinada, cultivada em sonhos, desejos, angústias e desesperos do poeta. Ironia muitas vezes interpretada como compaixão. Sim, sentia tristeza ao observar as pessoas e o que ocorria em seu entorno de caminhante atento pelas ruas de Lisboa. Mas não se sentia preso à piedade, queria saídas. Queria viagens, outros mundos além do pequenino e estático Portugal.

Grandes pensadores, de todas as épocas, no auge de sua maturidade criativa, que independe da idade, lançaram ao mundo olhares tristes, às vezes pesados, às vezes suaves, mas sempre desdenhosos com a consciência de que tudo é vão. Até mesmo a ironia.

Cesário Verde, apesar de ter vivido tão pouco, escala a montanha de desprezo só alcançada no seu topo pelos grandes espíritos. É o poeta do cotidiano, o poeta que fala do corriqueiro, do dia a dia, da moça infeliz, doente dos pulmões, que engoma a roupa, que trabalha sem descanso e sem qualquer recompensa.

De maneira simples e amarga, expressa ideias impregnadas de ironia sobre aqueles que, como ele, caminham à margem do que se acredita ser a ordem natural das coisas. Animais de carga. Ao mesmo tempo em que parece se apiedar da moça, dele mesmo, que vive em igual condição, mostra inconformismo irônico, não compaixão

Na primeira estrofe do belo poema "O sentimento dum ocidental", há na identificação do poeta com as coisas que o cercam, uma pincelada de ironia representada pelo adjetivo "absurdo". O pensamento tem dois lados. É absurdo querer sofrer e, ao mesmo tempo, não há qualquer absurdo no sofrer naquelas circunstâncias.

225

Nas nossas ruas, ao anoitecer,
Há tal soturnidade, há tal melancolia,
Que as sombras, o bulício, o Tejo, a maresia
Despertam-me um desejo absurdo de sofrer

Quase no fim de sua breve vida, sentindo decompor-se fisicamente, forças minguadas pela doença, confessa não se sentir bem em parte nenhuma, cheio de ansiedades de coisas "que não posso, nem sei realizar". Não pode porque sabe que está morrendo e, ao mesmo tempo, confessa que não saberia realizá-las. Vendo seus poemas sem nenhuma publicação registra irônico: "Literariamente, parece que Césario Verde não existe".

Existiu para poucos, na sua breve vida adulta, sempre a sentir-se doente, fraco, cheio de dores. Sempre preocupado com seu desejo de fuga, de viagens ao exterior nunca realizadas. Até as pequenas viagens por Portugal eram a trabalho. Existirá para sempre nos que tiveram e poderão ter a sorte de encontrá-lo em alguma estante amiga.

Stella e eu tivemos privilégio de estudá-lo num dos cursos de literatura portuguesa, do Departamento de Letras da Universidade de Brasília. O que aqui pode ser lido é apenas um extrato do trabalho que fizemos juntas. Líamos, conversávamos sobre o que líamos, e Stella datilografava numa pequena máquina de escrever. Havia uma mesa e bancos sob um pé de maracujá no quintal da casa de Dona Célia e Seu Mário, bem no centro de Taguatinga.

Lembro-me da minha primeira aula de literatura portuguesa, em março de 1970. A professora Diana Bernardes entrou na sala nos cumprimentando com versos de Fernando Pessoa. Outros professores nos apresentaram Césario Verde, Anthero de Quental. O professor Antônio Salles Filho batucava ao nos mostrar o ritmo, a música do "E agora, José?" Vivemos um semestre inteiro de Riobaldo e Diadorim com a professora Aglaeda Facó. Outra professora, Maria de Jesus, Maju, de olhos muito azuis, chorava enquanto nos contava de sua vida em Paris. Amávamos tudo isso.

226

Eterno é
o presente

PRIMEIRO SEMESTRE DE 1970. CYRO DOS ANJOS CONTA-NOS causos durante as aulas de Oficina Literária, no Departamento de Letras da Universidade de Brasília. Gosto especialmente de um que revela certa inveja de Carlos Drummond de Andrade. Mulheres do Brasil inteiro e de países próximos iam ao Rio de Janeiro para conhecer o poeta. Uma delas, argentina, chegou ao Ministério da Educação e arrumou um jeito de ficar observando-o em sua escrivaninha de trabalho. Depois de alguns minutos de reverência silenciosa a certa distância, de admiração desmedida pelo objeto de desejo, enfim, ali tão perto, de carne e osso, a tal mulher desmancha-se em prantos:

— Consegui sentir na própria alma toda a tristeza de Drummond — soluçava.

Cyro contava a cena rindo, porque a tristeza e a seriedade eram bastante apropriadas à *persona* pública do poeta. Na vida privada, Drummond era bastante gaiato. Tirava as dentaduras duplas para brincar com a filha Julieta, quando criança. Até escreveu um poema sobre elas. O Brasil era um país de banguelas. Apenas os nascidos a partir dos anos de 1950 morreram ou estão ainda por morrer com os dentes naturais na boca. Se nem todos, grande parte deles.

Divertíamo-nos com as dificuldades que os intelectuais tinham, na metade do século passado, para consumação de suas paixões. Certos protocolos deveriam ser cumpridos. Inclusive o de se ter um lugar decente para levar a dama em questão. Os causos do escritor eram quase sempre vividos, convenientemente, por terceiros. Dava-lhe mais liberdade para exercitá-los.

Depois de longos saraus juntos, um de seus amigos viu-se compelido a fazer a corte a certa formosa dama, de forma mais direta.

Ela polidamente recusou o *affair* com medo de dar o passo e comprometer convívio tão prazeroso no campo das ideias e galanteios socialmente aceitos. Ele imediatamente agradeceu:

— Que alívio você ter me dispensado! Teria que comprar enxoval completo de amante!

Naqueles tempos, o enxoval previa, além de pijamas, robe de seda — os olhos da cara para poetas e escritores funcionários públicos.

Cyro trabalhou na campanha de Juscelino para governador de Minas. Pelo jeito, as de então não enriqueciam ninguém. Ou só alguns poucos. Ele integrava a equipe que acompanhava as andanças do candidato pelo interior. Como não ostentava importância pessoal, não era recebido com as devidas considerações. Juscelino hospedava-se muitas vezes na casa de correligionários, personalidades das cidades que percorria. As demais acomodações eram distribuídas a seus assessores, conforme a importância que os anfitriões atribuíam a cada um. Certa vez, conta, dormiu numa caminha de criança e o lençol fedia à urina.

Confundia-se com seu personagem de *O amanuense Belmiro*, o registrador do cotidiano. Participou também da caminhada de Juscelino rumo à Presidência da República. Brasília inaugurada, passou a lecionar, em 1962, na universidade sonhada por Darcy Ribeiro. Ao contar histórias, registrava suave, a mágoa de não ter sido considerado alguém que merecesse uma boa noite de sono, nas andanças que fazia com Juscelino. Fez parte da geração Drummond. Estrela de brilho público menor que a do poeta que dá nome ao grupo, mesmo não havendo comparações possíveis entre os legados que deixaram.

Cyro era carioca de coração como tantos mineiros. Aprendi com ele a não ter medo de confundir minhas histórias com as de toda gente, de embaralhar passado, presente e futuro, o que ainda acontecerá com o que já aconteceu. Eterno é o presente.

Felizes os que dormem sossegados

PRIMEIRO SEMESTRE DE 1971. AULA DE LITERATURA PORTU-guesa. O professor divaga sobre o tema do dia.

— Quão estúpido é o homem! Passa a vida a provar isso e aquilo, mais ao mundo do que a si mesmo. Vaidade das vaidades! Esque-ce-se de viver, de sentir a vida na plenitude. E quão efêmera ela é! O que é nossa vida diante da eternidade?

Logo emenda bem triste:

— Felizes os que dormem sossegados!

Os olhos azuis do professor têm dias de cinza. A única beleza naquele corpo franzino e encurvado. O que é sentir a vida na plenitude? Ele, tão mais velho, é diplomado no exercício de tourear pergun-tas e nos distrai com voleios de sua capa invisível. A aula acaba e as perguntas irrespondidas, verbalizadas ou não, nos acompanham.

Aulas de literatura nos levam para o céu caótico das refle-xões que pouco nos ajudam, até nos atormentam quando jovens.

Temos urgências de explicações para o que acontece e o que pode nos acontecer. Queremos saídas, e a literatura só nos entrega mais inquietações.

O velho professor descola-se do texto em discussão. Faz digressões e não conseguimos ligá-las de imediato a qualquer propósito. Eu viajo e anoto a viagem do momento em meu caderno. Há os que renegam exatamente o que mais precisam. E morrem de fome e de sede com pão e água entre as mãos. Outros erguem muralhas de pedra e vivem à sombra delas. Há as que vivem na reserva, esperando o momento que nunca chega para, enfim, entregarem-se à vida. Outras entregam-se de tal maneira desenfreada que logo restam por aí, gastas e desfeitas. Quando se dão conta, tarde demais.

Passamos o tempo todo imaginando como será nossa vida. E quando ela chega ao fim, continua o velho professor, não acabamos ainda de fazer, de pensar no que seria, de fato, nosso propósito. Vivemos do passado e de um futuro próximo sempre distante. Olhamos nosso coração e vemos nele refletidas imagens distorcidas de um mundo que abandonamos, que fatiamos em vida, não sem relutância e medo.

Somos milhões e milhões de "eus" existidos, existindo e por existir. É assim que somos eternos. O tempo que não passa é a nossa casa. Somos o mesmo homem que inventou a roda, a bicicleta, o carro, a nave que nos levou à lua. Somos o mesmo homem cultivando com diligência, através dos séculos, amarras e mais amarras. Sábio em cultivar as próprias prisões. Estamos sempre atados ao que não existe, ao inexplicável, a fantasmas nascidos da nossa solidão. O que conquistamos e chamamos de progresso pode salvar nossa vida, mas não nos liberta. Estamos sempre presos às mentiras e às ilusões que construímos. Inventamos deuses que nos escravizam.

A morte, o nada, o único meio de alcançarmos a liberdade? Seríamos livres se tivéssemos asas? Voaríamos rumo ao infinito que pode nos tornar capazes de acompanhar acontecimentos sem sofrer a tristeza dilacerante dos nossos fracassos, frustrações em série? Certamente, se isso acontecesse, o desejo de voltar seria ainda mais forte. Sem nossas amarras, sem nossas âncoras mundanas pesadas, nada somos.

Forço a memória. Aos 20 anos eu já vivia também as desilusões dos mais velhos. Ouvia *Retrato em branco e preto*, do Chico, vezes e vezes seguidas. *Já conheço os passos dessa estrada, sei que não vão dar em nada.* O travesseiro ficava molhado. Se soubesse tudo que estaria por vir, se ao menos adivinhasse um tantinho assim, daria ao texto um *grand finale*, tipo os do Drummond: "Eu não devia te dizer/ mas essa lua/ mas esse conhaque/ botam a gente comovido como o diabo".

A lua aparece na janela e já vai embora. Nem bebo.

O professor é o poeta, escritor e jornalista Domingos Carvalho da Silva. Aos nove anos, veio para o Brasil com a família e aqui ficou. Entrava pontualmente na sala de aula e fazia a chamada. Em seguida, trancava a porta à chave. Stella mostrou-lhe um poema escrito em noite de insônia. O professor:

— Se você descarná-lo e deixá-lo só ossos, ficará bom.

Longa
noite
sem fim

VIVEMOS, STELLA E EU, POR ALGUNS MUITOS ANOS, O DESTINO traçado por nossos pais. Recém-formadas professoras primárias, fomos designadas, em fevereiro de 1969, para as mais pobrezinhas das escolas, bem longe de casa, onde o Distrito Federal quase se encontra com Goiás. Levávamos horas para ir e voltar do trabalho. Stella passou, de imediato, a fazer o curso de Letras, na Universidade de Brasília, enquanto eu me matriculava num intensivo de inglês e estudava sozinha em casa para o vestibular. Um ano depois, em 1970, também começaria a cursar Letras.

Estudávamos pela manhã e depois íamos direto ao trabalho. Professoras e morando com os pais, era-nos permitida parte do salário para discos e revistas — "um monte de bobajada", segundo nossas famílias. Cinema no fim de semana. Nunca os filmes seriam mais tão bons. Também tivemos dinheiro para conhecer melhor São Paulo, seus teatros e cinemas, passar carnavais em Ouro Fino e brincar de ficar apaixonadas nas férias.

Em abril de 1968, ano de nossa formatura no Magistério, Martin Luther King foi assassinado em Memphis, Tennessee. Registrei, então, no meu meu caderno:

Martin na sacada do hotel. Um ruído. Pressente o tiro? Uma bala atinge-lhe o rosto, a espinha. Mortal. Uma onda incontrolável de cólera varre muitas cidades americanas: quarenta e três pessoas foram mortas, mais de três mil, feridas. Outras vinte e sete mil, presas.

Maio de 2020. Outra onda de manifestações acontece nos Estados Unidos e no mundo todo. Mais que uma onda, uma avalanche de pessoas sai às ruas para protestar contra o racismo. George Floyd morreu numa rua de Minneapolis, depois que Derek Chauvin, policial branco, para imobilizá-lo, ajoelhou-se no pescoço dele por pelo menos sete minutos. Pessoas filmaram a agonia de Floyd que, enquanto teve forças, dizia não conseguir respirar.

Setembro de 2021. Acabo de encontrar outro registro que fiz em 1968. Ano que continua a alongar as sombras de seus tentáculos asfixiantes até os dias de hoje:

O presidente do Brasil é o general Costa e Silva. Faz quatro anos que João Goulart foi deposto por um golpe militar. Tirei meu título de eleitor. Tenho esperança. Novas eleições presidenciais pelo voto popular não tardam.

Só votaria, pela primeira vez, em 1989, quando Fernando Collor foi eleito presidente da República. Antes da Constituição de 1988, não havia eleições, no Distrito Federal, para governador, deputados ou senadores. Vinte e um anos depois de eu ter completado a maioridade e ter expressado, o desejo de votar e a esperança de um Brasil democrático.

Lembro-me de meu pai chegando da convenção do PSD, realiza-da no Cine Brasília, em 1964, que indicou, por aclamação, Juscelino Kubitschek candidato a um segundo mandato presidencial. Logo estaria imprecando contra ele que, senador por Goiás, votaria SIM na eleição indireta de Castello Branco para presidente. João Goulart fora banido do poder e do país. Ouvi com meu pai a transmissão radiofô-nica da eleição do general.

O voto de Juscelino, ao microfone, foi em alto e bom som. Meu pai respondeu com um murro mesa. E vaticinou que as eleições di-retas de 1965 seriam canceladas pelos militares. E foram. O voto de Juscelino traduzia a esperança de um acordo político e de caserna para viabilizá-las. Não era hora de se confrontar os militares. Mas houve o Golpe dentro do Golpe. O que já era amargo tornou-se fel. Juscelino foi cassado e obrigado a exilar-se. Carlos Lacerda, que seria seu natural concorrente, também.

Em março, mês anterior ao do assassinato de Luther King, acone-ceu a Passeata dos Cem Mil, no Rio de Janeiro, a maior manifestação contrária ao regime militar. Em maio, nas ruas de Paris, barricadas e coquetéis molotov. Em agosto, agentes das polícias Militar, Civil, Po-lítica e do Exército invadiram a Universidade de Brasília. Mais de qui-nhentas pessoas foram levadas para a quadra de basquete. Sessenta foram presas. O estudante Waldemar Alves foi baleado na cabeça e passou meses em estado grave no hospital. Tudo parecia prestes a explodir e qualquer tipo de reunião, mesmo as festivas, eram evitadas.

234

Para mim, bastaria o mundo

AINDA NO COLEGIAL, ÉRAMOS, STELLA E EU, RAINHAS DE UM mundo, repleto de lacaios para satisfazer nossos mais extravagantes desejos. Inventamos jeito próprio de nos comunicar, inacessível aos demais. Dávamos nomes aos professores com base em seus atributos físicos ou falta deles: Minhoca que Pensa, Perna de pau, Sobrancelhas de Gioconda, Grilo Falante, Peter Pan.

Outra mania: falar tudo ao contrário, o que enlouquecia as demais colegas. Nunca sabiam se estávamos falando sério. Um dia, Zenilde desabafou:

— Ai, cansa demais conversar com vocês, a gente tem que ficar o tempo todo traduzindo!

Éramos mesmo duas maluquinhas *inocentes*. Aos dezoito anos, algumas das meninas já ostentavam na mão direita aliança de noivado. Outras apareciam, de repente, grávidas. Nós queríamos apenas ser muito famosas. Sonhávamos fazer a letra perfeita de uma música que estourasse nas paradas de sucesso, do dia para a noite, e até escrever novelas para a televisão. Também escreveríamos livros.

Seríamos escritoras. Iríamos para a faculdade, conheceríamos gente interessante, inclusive nossos príncipes encantados.

Um pouco mais pé no chão, às vezes eu achava bobagem essa ideia de ser famosa. Para mim — olha a modéstia — bastava o mundo. Eu me via andarilha, vagando, vagabundeando por trilhas desconhecidas, explorando, respirando cheiros que não fossem os de poeira de Taguatinga. Um dia reclamei pra Stella:

— Merda porque não nasci homem, seria tudo tão mais fácil. Primeiro, não estaria aqui fazendo esse curso para professora. Poderia estar fazendo Clássico, Científico. Poderia nem fazer nada, poderia... poderia... fugir de casa. Isso, fugir de casa e nunca mais aparecer por aqui.

Stella, mais baixinha que eu, nessas horas, quando me contestava, virava gigante prestes a me esmagar:

— Ai, que coisa horrível você disse! Eu quero me realizar, quero fazer tudo o que eu sonho, mas como mulher, mulher, entendeu? Sequer passa pela minha cabeça a ideia de ter nascido homem. Deus me livre!

Foi a primeira feminista que conheci de verdade. A mais romântica das feministas. Enquanto eu, pra gostar de um menino, tinha que saber a biografia dele, onde morava, do que gostava e não gostava e mais o escambau, Stella olhava um garoto na rua e Deus me livre se suspirasse. Se suspirasse, eu já sabia: teria que fazer dez vezes o mesmo caminho com ela, até que visse o garoto novamente. Voltava para casa completamente apaixonada, sonhava com o garoto e passava falando semanas de quem sequer sabia o nome.

Eu era mais ligada a jornais, revistas e, secretamente, continuava a alimentar a ideia de ser jornalista. Colecionava a revista *Realidade*. Stella aprendeu a tocar violão sozinha. Eu também comprei um violão. No dia que o violão chegou em casa, meu pai disse:

— Vai servir pra você guardar coisas aí dentro, porque tocar você não vai mesmo!

Pai profeta. Nunca consegui tirar um dó ou um ré daquela caixa com braço. Pensei que pudesse. Havia aprendido um pouco de piano com uma amiga vizinha de Taguatinga Norte. No meio daquela favelona, existia uma casa grande, bonita. Na sala, reinava o piano, manejado por uma menina de grande talento, a Sílvia, que mais tarde se casou com um diplomata e viveu e vive pelo mundo. Piano tem teclas, as notas são visuais, tons e semitons em branco e preto. Violão, cordas. E essa história de machucar os dedos e ficar apertando aqui e ali a tentar afinações não era minha praia.

Stella encontrava espaço, naquele caos fantástico que chamávamos de nossa vida, para certa ordem que lhe permitia aprender sozinha o que me parecia impossível: violão, francês, inglês. Eu me distraía com o caos e até há bem pouco tempo achava que só o exercício da profissão de repórter me deu a disciplina necessária para uma vida produtiva; que escrevia porque era repórter.

Agora, remexendo gavetas, caixas e pastas, vejo que sempre escrevi. Este é o meu ofício: o de escrever. Quando garota, achava que quem escrevia era a Stella, capaz de inventar histórias. Tenho pilhas de anotações sobre o que eu vivi, sobre o que penso ter vivido. Muitas delas borradas de lágrimas.

Éramos jovens, não morreríamos nunca

APAIXONEI-ME VAPT-VUPT AO VÊ-LO RECOSTADO NA LATERAL do fusca vermelho de um amigo, no estacionamento da Universidade de Brasília. Tinha o sorriso do tamanho do Minhocão, o prédio comprido, onde ainda funciona grande parte dos cursos.

Vestia-se de cor única. Camiseta e calça em tons variados de vermelho destacavam-lhe o moreno da pele de tanto sol. Cabelos negros encaracolados como nunca vi. O fusca, fiquei sabendo depois, chamava-se Mucuripe porque recorrentemente apresentava problemas de velas. Uma piada interna da turma. Fagner já soltava a voz para fazer a praia de pescadores de Fortaleza conhecida nacionalmente. O cantor e compositor deu roupa nova à composição de Belchior e com ela ganhou o Festival do Centro Universitário de Brasília, em 1971. Estouraria em gravação no ano seguinte.

Naquele sábado de novembro, nossos destinos se cruzaram também à noite, enquanto eu esperava amigos na entrada da Sala Funarte. Havíamos combinado de ver Ladrões de Bicicletas, na programação do ciclo de filmes realistas italianos. De repente, ele me aparece, assim do nada, com o amigo do fusca vermelho. Estão de passagem. Deram carona para alguém até ali. Tentam, então, raptar-me para uma festa, mas não sabem exatamente onde ou na casa de quem. Não fui.

Dali em diante, passamos a nos ver todos os dias, sem combinação prévia, em pontos de ônibus, filas de cinema, teatro. Morávamos — descobrimos rápido — bem vizinhos. A Asa Norte era, então, para quem vinha do início da W3, quase só cerrado nativo. Cerrado gordo, como se diz, cheio de pássaros, bichos andantes e rastejantes. Até emas se viam. Além do comércio, restaurantes, pensões de algum ou pouco respeito, oficinas. Tudo construído de madeira, mesmo depois da inauguração de Brasília. De superquadra, só a 312.

De setembro a março, é sempre chuva em Brasília. Mas nunca chovera tanto quanto na primavera e verão de 1972/1973. Na véspera do Natal, começamos a namorar. Foram dias e dias que zanzamos pela cidade, de cinema em cinema, de livraria em livraria, de casa em casa de amigos. Sem destino. Quase sem dinheiro no bolso. Sempre debaixo do enorme guarda-chuva preto dele.

E assim passamos meses naquele ninho móvel e molhado, com os pés sempre encharcados e às vezes tiritando de frio, mesmo no verão. Mas quem se importava? Jovens e fortes, não ficaríamos doentes nunca. Não morreríamos nunca. E era ali que eu queria estar a vida inteira.

Há quilômetros de ensaios e críticas sobre Ladrões de Bicicleta, de 1949, dirigido por Vittorio de Sica com atores amadores, gente anônima das ruas de Roma. Todos eles ressaltam questões do pós-guerra italiano: desemprego, fome, desespero. É um intenso retrato da relação pai e filho, no caso um menino bem pequeno. Me vi neste menino, sempre alerta e sofrendo com os dramas familiares. A mulher está presente no filme para resolver situações extremas. Enquanto o homem se desespera porque empenhou a bicicleta e não pode sem ela candidatar-se a emprego de colador de cartazes, a mulher resolve a situação. Dá os lençóis bordados do enxoval para o marido fazer novo empréstimo e resgatar a bicicleta. Simbolicamente se desfaz de recordações sagradas, de heranças familiares, de sonhos costurados na juventude.

239

O céu e
o inferno
do amor

NÃO DEMORA PRA EU ME SABER SEM DEFESAS AO QUE ACONTE-
cia. Pra me sentir, de repente, muito louca, muito lúcida. Que desas-
sossego! Que atormentação! Sem ele, nenhum consolo nos livros,
discos, nas idas ao cinema e cafés com amigos, nas aulas de literatura. Com ou sem ele eu vivia, pela primeira vez, a mais completa
perdição de mim mesma. No desespero, fui escrevendo durante esses dias de caos intenso. Restam fragmentos.

*Abri os sete portões que a casa avarandada protegiam e os cachor-
ros se aquietaram submissos à passagem dos fantasmas que te
acompanhavam. Você acordou medos em mim que eu nem sabia.
Sou, agora, criança, fraca e tola. Ando pela casa e são mortos os
que amei. Na sala vazia, a mesa posta, o jantar antigo, frio e intacto.*

*Aconteceu para matar minhas pequenas alegrias: os sorrisos que me
recebiam quando era de noite e eu, enfim, voltava para casa. Para secar
os vasos das flores de todos os dias. Para tirar a cor da inútil cortina que
mover nem se move mais, apesar de tanto vento. Para empoeirar a mo-
bília da casa. E no grande mal que me fez, houve, sim, o bem que queria
praticar, a boa ação, o bom propósito, o momento da felicidade acalenta-
da, nunca vivida. Você não teve culpa de nada.*

*Te quero assim índio e cigano. Indolente, trapaceiro, ágil dançarino. De-
satento às minhas histórias de dragões, príncipes adormecidos, princesas
entediadas. Rindo das minhas tolices, tua mão direita me aponta o infinito.
A esquerda segura o jornal do dia. Para você nada parece inatingível e eu,
como sempre, mesmo cheia de medos, concordo contigo. Te vejo criança
puxando uma escada morro acima pra, no topo, alcançar a lua.*

*Teus pensamentos adivinho. Bolo de banana ou de chocolate. Leite
frio sem açúcar. Água nunca gelada. Cigarro te ofereço já aceso e sempre Minister de caixinha, café só o feito na horinha. Te acordo. Dos com-
promissos te lembro. Se atrasado pro serviço, carona te arranjo. Meus*

livros te empresto. Dos inimigos te defendo. Dos perigos, te afasto. E se não me quiser assim tão de Minas, recatada, da Bahia me faço. Me visto de rendas. Desenho minha boca vermelha. Boto mãos à cintura, reviro os olhinhos, mexo e remexo, sacudo balangandãs e dou gargalhadas.

E foi assim, durante tantos anos. Nunca meu inteiro, indiferente aos meus cuidados. Sempre me dizendo sem abrir a boca: estou aqui, não sei até quando. Um dia, de tão cansada, lhe aponto o olho da rua. Choro. Está indo embora sem bagagem, sem prato predileto no último jantar, sem qualquer jantar. Fecho a porta. Tiro os sapatos para não acordar fantasmas pelos cantos, para não acordá-lo. Está ali encolhido de frio, a cochilar no tapete da sala, um livro entre as mãos. De tristeza, de alívio, me escondo embaixo da cama. Choro até a poeira do assoalho virar lama. Acho que hoje eu morro. Amanhã, certamente renasço.

Em janeiro de 1977, nos casamos.

Sem você,
nada seria
o que é

QUEIMEI QUASE TUDO O QUE ESCREVI AOS VINTE ANOS, MOR-
rendo de um amor que pensava sem futuro. Agora, tantos anos passados, fragmentos engavetados de páginas e páginas rasgadas,
arrancam-me do coração a mais profunda ternura, compaixão. Este
ardor dos meus verdes anos me ampara e me explica.

Outras paixões aconteceriam e aconteceram. Sempre a mesma
inquietude, sempre a felicidade, o êxtase e o desespero juntos. A
sensação de que não há vida sem o que pensamos ter no momento.
De se caminhar entre penhascos e abismos sem cordas salvadoras,
qualquer cinto de segurança. A tontura, a vertigem. Paixão e fé não
são coisas aprendidas. Somos capazes ou não de tê-las. São irmãs
siamesas inseparáveis. Compartem o mesmo coração, as mesmas
veias e artérias, a mesma quentura do sangue. A experiência não
nos dá bom senso, capacidades de calibragem e discernimento.

O tempo passa, sobrevivemos e, porque sobrevivemos, somos
tentados a ignorar o que, um dia, nos tirou o fôlego, o chão, o calor
do sol ou de qualquer edredom. Mas aí vemos que tantos poetas
cantaram o desterro, a sensação de não se existir sem o objeto
amado. É como ficar sem luz, sem Deus, sem irmãos. Para os poetas, o amado e o divino se confundem. Amar é um sair de si mesmo,
desintegrar-se no outro.

Naquele estado de consciência alterada, eu via em partículas todo
o Universo. Numa única célula, num único fio de cabelo, todo o meu
corpo, todo o corpo dele, todo um horizonte de felicidade inatingível
sem que fosse necessário atravessar um vale sem fim de lágrimas.

Descobri, então, Giorgio Caproni. O poeta fala recorrentemente de Gênova, sua cidade natal, de outras cidades e das pessoas que nelas vivem, viveram e ali estão enterradas. De espíritos que vagam na escuridão guiando notívagos e sonâmbulos, os que só se aquietam na cama, quando bêbados ou mortos de cansados. Fala de viagens. Tem a sofisticação da mais radical simplicidade e clareza de sentimentos.

O amor, feliz ou infeliz, sempre aponta estradas a percorrer, paradas obrigatórias, sossegos e desassossegos, o infinito que se acaba no quintal da nossa casa. O infinito nunca decifrado, mesmo depois da mais longa caminhada.

Aprendemos a conviver com o que não temos em cada estação do ano. De não suspirar pelo sol quando só chove. E, na seca do Planalto Central, a ser árvores do cerrado. Perdemos as folhas no inverno seco. Renascemos, certamente, na primavera que tarda, mas não falha. Quem amamos está em tudo. Até na falta que nos faz.

Senza di te
Un albero non sarebbe più un albero
Nulla senza di te
Sarebbe quel che è
Sem você
uma árvore não seria uma árvore
Nada sem você
seria o que é

Me lembro de você, minha predestinada

O SEGUINTE MEU AMOR: OS BANDIDOS FAZEM O CERCO E ESTOU *cada vez mais indefeso. Todos viram. Ali onde eu chorei, qualquer um chorava. Ser forte. Quanto mais quero, menos fico.*

Ouça meu amor, o barulho tá cada vez maior e aquilo que ouvíamos foi só muita poesia, cada vez mais ao longe.

Venha, meu amor. Fica cada vez mais perto. Não tenha medo. Sou a maior proteção do mundo. Mentira, sou fraco. Tenho desejos que nunca serão concretizados. Tenho imaginação de sobra. Posso ver nitidamente a vida que nunca terei.

O que me acalma é compreender que sempre me adapto ao que acontece e ao que nunca acontecerá, eu sei, por mais que eu deseje, estude ou trabalhe. Enquanto caminho pelos vazios de Brasília, faço melodias perfeitamente executáveis. Delas, às vezes, me lembro, em noites de insônia.

Quero ir embora, embora. Você me chama e quero ficar. Depois duvido. Em seguida, não duvido mais. Quero ficar. Tá tudo tão legal comigo. Rapaz novo, sem pressa, lutador. Algumas certezas, muitas dúvidas, assim são os meus dias.

Quando volto pra casa, alongo o percurso e vou me contando histórias tristes e felizes de todo mundo. Paro uns segundos. Leio os folhetos, espalhados pelo chão. Convocam outra greve geral que vai fracassar. Me lembro de você, minha predestinada. Apresso meus passos.

Somos nuvens, acontecemos de chover

ABRO MEU CORAÇÃO, CAIXA DE PANDORA. LÁ DO FUNDO NÃO ME chega a Esperança, mas a primeira canção que ele cantou pra mim. Violão apoiado no joelho e um dos pés no primeiro degrau da escada em frente do elevador do Bloco C da 312 Norte.

"Eu sei e você sabe, já que a vida quis assim / Que nada nesse mundo levará você de mim."

Claro que a vida nos levou, pra frente juntos e, depois, separados. Mãos invisíveis nos comandam. Somos marionetes que brilham alguns instantes no palco do Universo. A plateia nem nos nota, *tão breve é mais longa vida*.

Acontecemos e já éramos. Nunca adivinhamos as consequências de nos deixar levar de arrastão ou de nos manter firmes, náufragos, agarrados em qualquer galho salvador.

Nossa vontade presente nos empurra para perigos sabidos ou nunca imaginados. Quem se arrisca não petisca. Pior um pássaro na mão que dois voando. A esperança é a primeira que morre. A fé não remove montanhas. Nem traz quem eu tanto quis pra viver outra vez a meu lado. "Não consigo dormir sem teu braço. Meu corpo está acostumado."

O amor nos faz ignorantes, perdulários, arrogantes. Exercitamos a vaidade, abrimos nossas asas de condor, nossas penas coloridas de pavão. Conhecemos a luxúria e, de repente, somos avarentos. Queremos o que amamos só para nossos olhos, nossos braços,

abraços, nossas pernas. Ignoramos a Estrela Polar, desprezamos o Norte. Apostamos no escuro sem terra à vista.

Nada guia a alma apaixonada, além da própria paixão. Apaixonados, somos só alvoroços, desatinos. Abandonamos tudo: pai, mãe, irmãos, amigos. Livros, bibelôs, cobertas macias, a mão que nos afaga e nos embala o berço. Sem teto, sem coberta, andamos nus, famintos, desgrenhados pelas ruas. "Se quiser beber, eu bebo. Se quiser fumar, eu fumo. Não interessa a ninguém."

Por causa do amor. Todos os pecados, tentações terrenas, nos aparecem de repente. Nelas mergulhamos de cabeça, de olhos fechados. Surdos a qualquer razão. Não queremos jejuar no deserto, nenhuma salvação. Entregamos anéis, colares, pulseiras todas, tudo que reluz, nossos tesouros, os mais escondidos, a Arão.

Dançamos, reverentes, ao Bezerro de Ouro. Oferecemos sacrifícios e ofertas de paz também a ídolos de barro. Jogo feito. Deu errado, impossível juntar os cacos. Pisamos, cuspimos sobre o passado, por melhor que tenha sido. Blasfemamos O desatino nos move, nos consome, até que se esfarele por completo nossa antiga vida. E aquela música eu canto assim:

Se eu soubesse
Naquele dia o que sei agora
Eu seria esse ser que chora
Eu teria perdido você

Anos de chumbo e de ambrosia

EM 1973, RECRUDESCE A DITADURA MILITAR SOB A PRESIDÊNCIA do general Emílio Garrastazu Médici. Sequestros e prisões voltam a acontecer por todo o Brasil. A polícia política faz arrastões na Universidade de Brasília. Estudantes são retirados por policiais à paisana de assembleias que acontecem no *hall* central do Minhocão. Arrastados e presos. De alguns, sabem-se notícias no mesmo dia. De outros, tempos depois. Muitos já estão fora do país.

Tudo o que quero é passar dias inteiros na universidade, almoços no bandejão e, depois, biblioteca. Tudo me é extraordinário e intenso. Alegrias, tristezas, medos. Presente e futuro são as pessoas, os livros, os filmes que amo, viagens que sonho, meu rosto sardento no espelho, meu cabelo liso comprido. Quero ficar. Quero ir embora. Quero conhecer florestas, desertos e montanhas de neves eternas. Quero estar em casa e encontrar o almoço pronto.

Não me atraem militâncias cegas e hierárquicas, cumprimento de ordens vindas de quem nunca adivinharia o rosto ou a voz. Afasto todos os que me puxam para perigos ao dobrar cada esquina. Correntes de uma mesma ideologia, ou de ideologias opostas, me espreitam, não desistem. Todas amparadas em providenciais catecismos. Quem não encontra a luz salvadora, a que mudará o mundo para sempre, são desterrados para o limbo dos não batizados. Nunca alcançarão o céu dos justos, dos que acreditam.

Anos depois, em 1977, já formada em Letras e fazendo Jornalismo, frequento algumas reuniões de seguidores de um tal Posadas, que acreditava no triunfo imediato do socialismo, em vida extraterrestre e visitas de discos voadores. Participo de passeatas em frente da reitoria, como se fossem diante do Planalto, na Praça dos Três Poderes. Como se estivessem cercando a Bastilha. Passeatas sempre ruidosas, todos muito corajosos. Até que o *campus* foi novamente invadido pelo exército e passamos a ter aulas com tanques apontando diretamente para salas de aulas e anfiteatros.

Não nego refúgio aos perseguidos no meu pequeno apartamento de recém-casada. Mas frequento reuniões políticas sem a assiduidade requerida. Assim como nunca conseguira pertencer sequer à Igreja Católica, na qual fui batizada, crismada, fiz primeira comunhão, me livraria, bem jovem, de qualquer construção de pensamento que pretendesse configurar em dogmas o mundo que eu queria percorrer.

Cedo, por pouco tempo, ao proselitismo que vigora na surdina. Desisto e recebo o carimbo de inconfiável na testa. Meus interesses trafegam por muitas veredas e tudo o que me chega são os perigos do caminho único. Mesmo sem fé cega nem faca amolada, sentia-me forte. Se disputasse xadrez com a morte, venceria. Certamente não morreria jovem nem o mal findaria um dia. Havia escolhido, mesmo sem ainda saber, a companhia daqueles que não querem ser salvos de nada. Nem salvar o mundo.

Sangue
na camisa
branca

SÁBADO, 31 DE MARÇO DE 1973. NO PODER, OS MILITARES CELE-bram a Revolução de 1964, a redentora, que a História registrou como Golpe de Estado. O que derrubou e exilou João Goulart, e co-locou na presidência o general Humberto Castello Branco. O que impediu as eleições presidenciais de 1965.

Espero carona para casa. Aviões militares rasgam o céu com estrondos. Ijalmar Nogueira me aponta:

— Olha lá os Mirages!

E eu:

— Onde, onde?

Olho para cima e acompanho o rastro deles no céu azul do outo-no que começa. Abaixo os olhos e vejo meu amigo sendo arrastado para dentro de um carro por uns brutamontes sem qualquer identifi-cação policial. Grito. Coloco metade do meu corpo dentro do carro e o puxo com força para fora. Me desespero. Ele apenas diz baixinho para eu sair dali, que estavam armados. Usa aquela camisa branca de mangas compridas arregaçadas e calça jeans. Momentos antes, havia achado ele assim tão lindinho!

Eram policiais à paisana. Continuo a puxá-lo com força pelo bra-ço, quero arrancá-lo do carro. Ijalmar imóvel no banco de trás com dois homens, um de cada lado, apontando-lhe armas. Outro bruta-monte sai do segundo carro que respalda a operação. Me pega pela blusa como se eu fosse pena e me joga com toda a força numa poça d'água. Os dois carros arrancam fazendo barulho enorme. Choro, toda esfolada. Estranhos e amigos chegam e me socorrem. Semana depois, encontro o brutamonte com os filhos na minha sorveteria preferida, na 102 Norte. Fujo apavorada.

Instantes depois do sequestro, fomos registrar um Boletim de Ocorrência na delegacia mais próxima da UnB. Só para não deixar em branco — sabíamos que se tratava de uma operação arrastão dos órgãos de Segurança. Feito o BO, chego em casa aos prantos. Minha mãe acende velas para as almas e diz que, antes de se acabarem, Ijalmar apareceria. Era já noite quando a campainha do apartamento toca. Era ele com respingos de sangue na camisa branca.

Conta-nos que lhe deram socos e pontapés, chamando-o de "Che" por causa da barba que usava. Deixaram-no, então, em um local deserto de Brasília. Caminhou, exausto e faminto, pelo cerrado até encontrar o asfalto e alguém que lhe desse carona. A prisão havia sido por engano, foi o que disseram. Mesmo assim, antes de soltá-lo, ouviu:

— Agradeça à garota que ficou gritando e atraiu tanta gente. Podemos ser reconhecidos. Se não fossem as testemunhas, você estaria agora afogado no Paranoá.

Vidas interrompidas

NEM TODOS TIVERAM A "SORTE" DE SER SOLTO NO MESMO DIA. Muitos passaram longos períodos presos, sob interrogatórios violentos e infames. No início da noite de 15 de junho de 1973, Romário Schettino, estudante da UnB, 22 anos, foi sequestrado no estacionamento do prédio onde trabalhava. Apesar da pouca idade, era funcionário concursado do Banco Central. Policiais à paisana, fortemente armados, estavam à espera dele, ao lado de seu fusquinha. Passou 25 dias preso. Foi solto sem qualquer explicação ou acusação formalizada.

Durante uma semana sofreu choques elétricos e espancamentos. Queriam saber onde estava o mimeógrafo que imprimia panfletos considerados subversivos e com quem trabalhava para distribuí-los. Romário não sabia de nada. Morava em uma República com meia dúzia de estudantes, além de hóspedes temporários, que iam e vinham. Provavelmente alguns dos colegas soubessem, ele não.

Os interrogatórios eram feitos com Romário encapuzado para que não pudesse identificar ninguém. Mesmo assim reconheceria, anos depois, alguns dos lugares por onde passou. O subsolo do Ministério do Exército, pelas persianas. A sede do Pelotão de Investigações Criminais, PIC, pelas celas individuais e os sons das cornetas anunciando a entrada e saída dos oficiais militares. A violência brutal sofrida o empurrou para um caos físico e mental que interrompeu sua vida estudantil e profissional. Perdeu o emprego

251

no Banco Central e foi jubilado do curso de História. Passou dois anos autoexilado na França. Conseguiu se reinscrever na UnB, opção Jornalismo. Mas não conseguiu ser reintegrado ao emprego.

— Nunca mais voltei à 312 Norte, a República foi desfeita e cada um seguiu seu rumo. A quadra para mim é uma lembrança sombria. Gostava muito de morar lá antes da prisão. Apesar do comércio local ainda não ter sido construído, havia um pequeno mercado, administrado pelo Governo do Distrito Federal e, em frente ao Bloco I, uma feirinha de verduras e frutas.

Tudo era novidade para ele que chegara de Caratinga, Minas Gerais. Ia para a universidade de ônibus, o Grande Circular, da estatal Transporte Coletivo de Brasília. Umas das duas linhas que serviam aos moradores da quadra. A outra cobria apenas o trajeto W3 Norte/Rodoviária. O ônibus, que passava pelas duas asas do Plano Piloto, percorria uma estrada de chão para chegar à parada da UnB. Ainda não havia ligação asfaltada entre a W3 e a L2 Norte.

— Podia-se viajar sem pagar, era só alegar ao motorista que estava sem grana. Cabelos compridos, sandálias e mochila nos identificavam como estudantes. Tudo era mais fácil. Até as caronas. A repressão me arrancou da vida feliz que eu tinha e nem sabia. Me arrancou de casa, dos meus amigos, dos estudos e do trabalho.

Naqueles anos da década de 1970, de triste memória, dezenas de estudantes e professores foram presos, em diversos arrastões aterrorizantes. Muitos, apenas para se reafirmar maior controle pelo medo. Bem, assim foi. O governo era do general Emílio Garrastazu Médici, que substitui o general Costa e Silva, que não sobreviveu à decisão de endurecer ainda mais o regime militar.

Médici ocupou o Palácio do Planalto até março de 1974, e o seu período na presidência da República ficou conhecido por Anos de Chumbo. Passou o poder para o general Ernesto Geisel, que prometia a distensão política e deu início a um diálogo com a sociedade por meio da imprensa. Os recados eram dados principalmente pelo porta-voz, Humberto Barreto. Teve no Ministério do Exército o general linha-dura Sílvio Frota, com quem depois travou queda de braço definitiva. No governo de Geisel, o que prometia a Distensão Política, morreram na prisão o operário Manoel Fiel Filho e o jornalista Wladimir Herzog. Entre meus papéis daquela época, encontrei recentemente este:

Um rinoceronte pasta sobre nossos corpos. Escuto ossos que se trincam, se quebram, se esfarelam. Da mancha de sangue que o sol secou, nossos olhos não se esquecem. Também não esqueceremos o azedo dos vômitos provocados pela dor.

Janelas das casas, fechadas. Portas, portões fechados, a cadeado, a ferrolhos, tramelados. Quem sai de casa, primeiro tenta sentir a respiração de quem por ali espreita. Se os mesmos passos se repetem. Se de repente param, não prosseguem. Só depois se arrisca.

Paredes têm ouvidos e não se estende a mão, não se cumprimentam desconhecidos. Todos se guardam bem cedo a sete chaves. Conversas, só à meia voz. Em que espelho partido ficou o meu sorriso?

253

Sino, sinal aberto

QUATRO ANOS ANTES DE COMEÇAR, EM ABRIL DE 1977, MEU ESTÁgio de repórter no *Jornal do Brasil*, nossa turma boa já fazia um tabloide inteiro. O nome foi copiado de uma música do Clodo Ferreira, gravada por Jessé e banda Placa Luminosa. Os dois, moradores de Brasília desde meninos. Clodo veio com a família, de Teresina, Piauí. Jessé, de Niterói, Rio de Janeiro.

O conhecido intérprete de *Porto Solidão*, composta por Zeca Bahia e Ginko, sucesso de 1980, morreu em acidente rodoviário, aos 41 anos, em março de 1993, quando cumpria agenda de shows pelo país. Zeca era outro frequentador do nosso grupo de amigos da 312 Norte e tem várias parcerias com Clodo. Entre elas, *Beijo Insosso*, gravada por ele, dono de uma linda e característica voz, e *Ave Coração*, sucesso na voz de Fagner.

O cantor e compositor morreu em fevereiro de 2018, aos 67 anos, de insuficiência renal, no hospital de Brumado, distante 540 quilômetros de Salvador. Bem mais perto de sua cidade natal, Bom de Jesus da Lapa, onde foi enterrado. Não chorei quando soube. Choro agora enquanto escrevo, ao me lembrar de sua figura magra, de longos braços gesticulantes, voz que abafava a de todos, sempre sentado no chão daquelas pequenas salas da 312 Norte.

Sino, Sinal Aberto, que ficou em segundo lugar, em 1972, no festival do Centro Universitário de Brasília (Ceub), fez Clodo conhecido além do Planalto Central — o primeiro lugar também foi dele com *Placa Luminosa. A banda adotaria, em seguida, o nome da música vencedora. Estava aberto o caminho* para parcerias importantes fora do seu núcleo familiar e de amizades que vinham da adolescência. Zé Romildo foi testemunha do nascimento pronto, perfeito, da música, no quarto de serviço/estúdio do apartamento em que Clodo morava com a mãe viúva, Dona Alice, mais seis irmãos. "E aí, o que achou", perguntou-lhe Clodo. "Nada de tirar ou pôr," foi a resposta.

Sino, sinal aberto
Por cima dos prédios
Sinal aberto
Por cima dos tédios
De fumaça, vodka e outros ócios...

Alguns integrantes do Pessoal do Ceará estudaram na Universidade de Brasília e tinham muitos amigos e parceiros de músicas na cidade. Fagner, Ednardo e Climério, o irmão mais velho do Clodo, faziam shows abertos ao público no pequeno auditório do departamento de Música da UnB. As letras de Climério quase sempre encontravam jeito de selar com fino humor estrofes arreganhadas de paixão. É assim em *Enquanto engomo a calça*, que fez com Ednardo. O próprio título é engraçado, além de enfatizar o regionalismo engomar para passar roupa.

Esse voar maneiro foi ninguém que me ensinou
Não foi passarinho, foi olhar do meu amor
Me arrepiou todinho e me eletrizou assim
Quando olhou meu coração

Nos anos seguintes, os irmãos — Climério, Clodo e Clésio — também despontavam no cenário nacional. Fagner gravaria em 1977 *Cebola Cortada*, de Petrúcio Maia e Clodo. Em 1978, *Revelação*, de Clodo e Clésio. Em 1981, Nara Leão gravaria *Cli-Clê-Clô*, dela, Fagner e Fausto Nilo, em homenagem aos três. Faz parte do álbum *Romance Popular* e é a única música que Nara assina como autora.

Cli, eu penso em quimera
Clô, acabado, fechado
Clê, passarinho quero-quero

A redação, diagramação e a revisão do *Sinal Aberto*, tudo era feito na cozinha do apartamento do primeiro andar de um dos blocos da 312 Norte. Lá trabalhávamos embalados pela "voz rouca, barroca, oca e louca" da nossa amiga dona do lugar. Na capa do número Zero, Milton Nascimento. No expediente, Valéria Franca França é definida poeta e cantora que dá muitos palpites, por sinal.

A capa da primeira edição foi uma grande gota d'água. A diagramação, bem bonita e criativa. Escrevo sobre teatro. Em 1973, por incrível que possa parecer, encenava-se Gil Vicente em Taguatinga. Na Página do Meio, ideia do Zé Romildo, a entrevista é com o escritor argentino Julio Cortázar; por Andrei Meirelles.

Andrei viria a ganhar notoriedade quando, em 1990, junto com o fotógrafo Mino Pedrosa e a chefia da revista *IstoÉ* de Brasília, convenceu o polêmico procurador Luiz Francisco Fernandes de Souza, pedra no sapado do governo Fernando Henrique Cardoso, a gravar escondido o encontro solicitado pelo senador baiano Antônio Carlos Magalhães, no afã de apresentar denúncias contra inimigos e aliados, segundo ele, corruptos. Sempre com sangue nos olhos para defender os próprios interesses, o senador não poupava ninguém.

Na conversa com o procurador, insinua que teve acesso às informações sigilosas de como votaram os senadores na sessão secreta que cassou Luiz Estevão (PMDB-DF) em junho de 2000. Começaria o calvário do astuto parlamentar baiano rumo à cassação do mandato, o que evitou ao renunciar. Não saiu de cena por muito tempo. Logo ressuscitaria politicamente das cinzas ainda quentes, em novo mandato. Famoso por patrocinar dossiês ameaçadores de centenas de páginas, muitas só de malvadezas, a partir de gravações telefônicas, não só de autoridades, mas também de suas amantes, acabou caindo na própria arapuca e provando do mesmo veneno.

O *Sinal Aberto*, distribuído principalmente entre os jovens organizados em comunidades paroquiais, era financiado pela Pastoral da Juventude, da Arquidiocese de Brasília. Excetuando-se o noticiário específico que ocupava, no máximo de duas a três páginas, o restante do espaço era nosso. Tivemos sorte porque em tempos de ditadura militar, estudantes universitários não teriam qualquer chance de fazer um jornal impresso e bem feito sem o providencial abrigo financeiro e das intempéries políticas. A maioria de nós sequer ia às missas de domingo.

Valéria nos deu o nome de Comunidade do Fute, brasileirismo para diabo, demônio. De anjos, os que tocam harpas e violinos, não tínhamos nada. Mas éramos hábeis em atirar setas ao alvo, nem sempre por amor. A comunidade tinha quem botava a mão na massa do jornal e colaboradores eventuais que também davam suporte emocional e inspirador ao nosso trabalho. Além de Valéria, Álder Luna, as irmãs Norma, Helô e Anita Costa, Marcinha Raposo e Antônio José Ferreira, conhecido por Cafu, que, entre outras proezas, foi eleito deputado distrital, pelo Partido dos Trabalhadores, mandato de 1995 a 1999. Destes, Marcinha fez longa carreira de repórter na sucursal de *O Globo* em Brasília. Os demais percorreram diferentes veredas profissionais.

Os padres queriam um jornal diferente e, sob a supervisão compreensiva e pacienciosa do jesuíta Eduardo Iglesias, aconteceu. Quem fazia mesmo política, no âmbito da ordem religiosa, em Brasília, era o padre José Carlos Brandi Aleixo, que se agregou à democracia cristã da América Latina e da Europa, inserindo, na sua rede de contatos, jovens, inclusive do nosso grupo de amigos.

O jesuíta José Carlos tinha sangue de político nas veias. O pai, Pedro Aleixo, mineiro de Mariana, advogado, jornalista e deputado federal, foi um dos líderes civis do Golpe de 1964 que derrubou João Goulart do poder. Ocupou o Ministério da Educação, no governo Castelo Branco, o primeiro presidente militar pós-Golpe. De 1967 e 1969, foi vice de Costa e Silva. Mas impedido de substituí-lo, quando o general se afastou do cargo por doença, em agosto de 1969. Pedro Aleixo recusou-se a assinar, meses antes, o Ato Institucional N° 5, editado na esteira de grandes manifestações contra o regime. O ato, só revogado em 1974, marcou o período mais nefasto de censura e repressão política da história brasileira.

Gal Gosta está estampada inteira na capa da segunda edição do *Sinal Aberto*. A Folha do Meio traz entrevista com Dominguinhos, estrela maior da banda que a acompanhava. O sanfoneiro ficou, no início, sem entender por que a entrevista não era com a Gal. Demorou para entender que queríamos era ele mesmo. Enquanto a cantora hospedava-se em um dos melhores hotéis da cidade, Dominguinhos estava com outros músicos em um daqueles simplesinhos do início da Asa Sul. E o papo rolou horas.

Numa outra edição, a Folha do Meio trouxe Caetano Veloso. A entrevista de horas, transcrita e publicada quase sem edição, mostrou os jeitos e trejeitos de falar do cantor e compositor. Isso depois de muita discussão interna. Ideia de Francisco Augusto Pontes, um dos integrantes do Pessoal do Ceará, conhecido como Chico, em Brasília, e Augusto, em Fortaleza. Fazia mestrado na UnB quando se juntou à nossa turma.

Também entrevistamos Gilberto Gil em um dos apartamentos do agora histórico Brasília Palace Hotel, projetado por Oscar Niemeyer. Ficou pronto em 1958, dois anos antes de Brasília, para acolher personalidades estrangeiras que vinham visitar a obra, monumento riscada no cerrado do Planalto Central do Brasil, antes mesmo de inaugurada a cidade.

Bem perto do Palácio da Alvorada e bastante assemelhado ao Catetinho, a primeira residência presidencial no cerrado, o hotel é de uma simplicidade comovente. A riqueza está no saguão decorado com azulejaria de Athos Bulcão, mobiliário modernista e jardins que chegam às margens do Lago Paranoá. Atualmente, o Brasília Palace, é ponto de visitação obrigatória. Abandonado durante anos, semidestruído por um incêndio em 1978, foi restaurado em 1997.

A entrevista durou mais de três horas sem Gil mudar de posição, aquela de sentado no chão sobre pernas cruzadas. Buda negro de trinta e poucos anos. Paciência ilimitada com jovens estudantes embasbacados com suas baianidades e histórias de Vitória da Conquista, cidade em que nasceu e onde o pai, médico respeitado, é nome de praça. O jornal não viu a virada de 1973 para 1974. Zé Romildo, o idealizador, passou a trabalhar em *O Globo*. Estávamos todos começando a trilhar a vida adulta, alguns de ternos novos, gravatas, tudo conforme o figurino.

O fusca
destruído

DEIXEI DE SER PROFESSORA PRIMÁRIA NO INÍCIO DO SEGUNDO semestre de 1974. Havia passado o primeiro a dar aulas para turmas de adolescentes da sétima e da oitava séries, poucos anos mais novos que eu e maiores em altura, numa Escola Classe da Asa Norte, perto da Universidade de Brasília.

Muitos alunos cheiravam cola de sapateiro dentro da escola, brigavam e quebravam carteiras. Diretora e zeladores empenhavam-se em missões salvamento de sala em sala. Tiroteios de bolinhas de papel, molhadas de cuspe e de lascas arrancadas do mobiliário só acabavam depois de muita gritaria e chegas pra lá. Hora de levar os feridos para sessões de mertiolate e esparadrapos.

Certa tarde, uma equipe de manutenção prestava serviços à escola. Um dos integrantes chegou em carro próprio, um fusca velho, porque dali seguiria direto para casa. Durante o intervalo do recreio, três dos meus alunos mais terríveis pulam o muro, quebram o vidro do fusca, fazem ligação direta e escapolem em direção do Lago. Ninguém sabia dirigir direito. E lá foram eles em ziguezague pela L2 Norte, naqueles tempos quase deserta à tarde, batendo no meio-fio. Em alta velocidade, o carro capotou num declive, quando a avenida acabava em poucas árvores, das franzinas, do cerrado. O fusca destruído, e eles apenas arranhados. Deus protege as crianças, mesmo as grandinhas, gatos de rua e bêbados.

O restante da tarde, passamos com policiais e bombeiros dentro da escola. Assinamos um termo de responsabilidade pelos meninos, de compensação financeira para o dono do fusca e conseguimos que ninguém fosse levado, de imediato, só se reincidentes, para casas correcionais. No outro dia, exponho para a mãe do líder da confusão, tintim por tintim, tudo o que o filho dela fazia dentro e fora da escola. Ela me ouviu com paciência. Era uma senhora de fala educada, copeira de um dos ministérios da Esplanada. Terminei, e ela sem se alterar.

— O garoto que você descreve não é, de jeito nenhum, meu filho mais velho. Não é o filho que tenho em casa. Meu marido me abandonou faz anos. Graças a Deus moro em apartamento funcional e não pago aluguel, só taxa de administração. A escola é vizinha da nossa quadra. É só atravessar a rua. Saio cedo pro trabalho. Meu filho cuida dos irmãos, limpa tudo, faz compras, faz nosso almoço. À tarde todos estudam aqui. Chego do trabalho e estão quietinhos fazendo dever ou vendo TV.

Levantou-se, pegou a bolsa e foi embora sem passar pela diretoria. No outro dia, pedi demissão para desespero dos meus pais. Nada sabia deste mundo tão perto de mim, de onde eu morava e estudava. Tão desconhecido e difícil de lidar. O meu mundo já era suficientemente cruel, perigoso. Em seguida, desisti da licenciatura em Letras. Concluí rapidamente o bacharelado, para que meus pais não ficassem ainda mais aborrecidos.

Comecei então a dar um novo rumo a minha vida. Passei a viver com o pouquíssimo que ganhava fazendo o Boletim Informativo do Conselho Indigenista Missionário CIMI que, naqueles tempos, andava às turras com os generais de plantão e tinha grande espaço de mídia. Fazia uma espécie de assessoria de imprensa, e o boletim emplacava boas pautas. Viajava para reuniões de trabalho. Pela primeira vez, cheguei ao Sul, Porto Alegre e depois Caxias vinda de ônibus de São Paulo. Tantas montanhas, tantos rios. Paisagens tão diferentes das conhecidas. Abria trilhas no jornalismo antes mesmo de me matricular na universidade novamente, em agosto de 1976, na UnB, curso de Comunicação.

O destino
bate à porta

DE ABRIL A DEZEMBRO DE 1977, TRABALHEI FEITO GENTE GRAN-
de no Jornal do Brasil. Entrei e saí como estagiária, porque o JB
tinha como política não contratar pessoas ainda não formadas, ao
contrário de *O Globo*. Eu só me formaria no final de 1978 e não queria mais períodos de estágio ganhando o mínimo e rendendo igual
qualquer outro repórter contratado.

No *JB*, cobri de ministérios, como o das Comunicações, às famosas Comissões de Economia, no Congresso. Naqueles tempos,
de crédito externo farto e barato, o Brasil de Geisel apostava em
grandes obras de infraestrutura. E havia comissões setoriais para
todos os gostos, de agricultura a transportes. E tudo que se discu-
tia nelas era um indicativo de onde a dinheirama seria aplicada. Por
isso, estavam sempre lotadas de jornalistas e lobistas.

Também era muito pautada para sessões plenárias do Tribunal de Contas. Com a promessa de distensão política feita por Geisel, e apesar de seus retrocessos, uma luz começava a iluminar as contas públicas e os desvios na aplicação dos recursos orçamentários cresciam a olhos vistos da imprensa.

A partir de 1976 e nos anos seguintes, mesmo sob censura, *O Estado de S. Paulo* puxava o trem das denúncias sobre mordomias palacianas. Os maquinistas da locomotiva foram Ricardo Kostcho e Leda Flora. Os demais jornalões precisaram correr atrás.

Em 1978, contratada pelo *Correio Braziliense*, além dos julgamentos de presos políticos civis pelo Superior Tribunal Militar, também cobria as análises do Tribunal de Contas da União da prestação de contas municipais referentes aos recursos repassados pelo governo federal. Apelidamos a sede do TCU de Lágrimas dos Prefeitos, por conta das cascatas que ostenta na fachada. Do outro lado da Esplanada, o Ministério da Justiça, com cascatas semelhantes, já era chamado de Lágrimas dos Cassados. No pior dos mundos, o humor nos salva.

Desalento
e conversa
fiada

AINDA ESTAGIÁRIA, ANOTAVA CONVERSAS DE REDAÇÃO E DE ME-sas de boteco. Gostava de ouvir os colegas mais velhos, sem palpitar. Anotar, anotar, meu vício desde criança. São muitas vozes, em dias diferentes.

— Quando somos jovens temos ideias muitas profundas sobre a profissão e os rumos do país. Somos guiados pela esperança. Quando caminhamos para a velhice, e já experimentamos todas as bebidas e cigarros, fica tudo mais difícil.

— Muitos de nós já estão afundados em poços de descrença, sem possibilidade de retorno. Temperados pelo medo. Mesmo assim, já escrevo as últimas linhas pensando em me embebedar no boteco, no cu sujo aqui perto da Redação.

— Inauguro a minha participação nesta greve proclamada geral. Precisamos parar. São Paulo vai parar. Rio vai parar. Temos que mostrar que não somos só... faça isso, faça aquilo. Leads de cinco linhas limpinhos pro leitor.

— A edição sempre cata e joga pra longe as pedras que achamos pelo caminho.

— O que é difícil de ser publicado podemos jogar pro pé da matéria. Pode ser que o editor cochile.

— O pé da matéria é ainda mais fácil de ser cortado. Melhor distribuir o que é difícil de ser aceito pelo texto todo.

— Passamos o tempo todo repetindo velhas conversas, no boteco, antes de chegar em casa e ouvir o sermão da mulher de que ficamos jogando tempo fora.

— Conhecemos Nova York e Paris, Cairo e Tóquio, e temos medo de morrer ali na esquina, de tiro...

— "Chame o ladrão, chame o ladrão!" Temos medo é da polícia, a que anda de tênis e jeans.

— Morremos de desgosto, de infarto.

— De tanto beber.

— De paixão.

— De tombos na beira molhada na piscina.

— De vez em quando, uma festa, uma briga, um casamento.

— Separação, quem fica com os filhos?

— Eu não posso, se separo, filhos só em fim de semana sem plantão. Trabalho doze horas por dia.

— Por que o comando da greve não...?

— Um copo de coragem pro comando da greve. Glu, glu, glu.

— É o começo de uma nova linguagem na televisão. Nos jornais. Precisamos de um novo jeito de dizer... escrever claramente que...

— Inventar um novo discurso ou recuperar o perdido?

— Só me preocupo com as cento e vinte linhas, títulos e intertítulos que preciso entregar todos os dias.

— Eu com a matéria especial de fim de semana. De vez em quando, um cozidão do mais importante acontecido. Uma declaração nova aqui e ali...

— Cascata. Se torcer o jornal, inunda a Redação.

— Melhor do que torcer e sair sangue.

— Sangue ou água, distração.

— Este babaca se mata de trabalhar, repórter pau pra toda obra. Vai cobrir buraco de rua, se mandado. Noutro dia, tá de gravata falando com os generais.

— Só quero tirar este peso do coração e, aos domingos, ver o tempo passar na TV. Futebol, filme antigo visto e revisto, qualquer coisa.

— Eu vou pro estacionamento do ministério, todas as noites, a caminho da Redação, rindo da vontade que tive, minutos antes, de me atirar do oitavo andar do prédio.

— Nem me passa pela cabeça me atirar pela janela. No máximo, a de ser atropelado na Esplanada, de preferência por um ônibus.

— No ministério que cubro, o gabinete do ministro e da sala de imprensa ficam no quinto antar. Tenho medo de me enroscar em vidros de janelas que se abrem para fora e platibandas, cair e nem morrer. Ficar aleijado a vida toda.

— Passei horas a esperar a entrevista exclusiva prometida. Sai de lá de mãos abanando sem uma linha pra escrever. O chefe de gabinete remarcou pro outro dia, às sete da manhã.

— Odeio ministro madrugador.

— Tá morto de bêbado, não ficaria fugindo do que interessa se a assembleia fosse de operários.

— Acontece que não somos operários. Não temos a clareza de objetivos nem as necessidades deles.

— Muitos de nós estão só preocupados em justificar salários. Difícil engajar toda a categoria. Se a Redação para e a gráfica não, os jornais continuam saindo do mesmo jeito.

— Ocupam páginas e páginas com noticias de agências internacionais. Além disso, têm sempre aquelas matérias de gavetas e os fura-greves. Dizem que vão entrar na Redação só pra pegar o guarda-chuva, o livro esquecido, a chave de casa. Em dois minutos entregam pra chefia a matéria datilografada em casa, que escondeu nas meias. Pilantras, traíras.

— É uma tragédia mesmo a gente não passar fome e até praticar tênis, conseguir empréstimos fáceis pra a casa própria. Namorar secretárias gostosas e até ter dinheiro pros motéis das sextas-feiras.

— Mas é preciso levar em conta que, em outras cidades, até São Paulo e Rio, o reportariado rala muito e ganha pouco.

— Aqui também tem quem rale, carregue piano e ganhe pouco. A exploração dos estagiários que trabalham como se fossem repórteres contratados.

— Só não vê isso quem não quer. Mas onde estão agora?

— Foram para casa direto da Redação. Cerveja, mesmo a de boteco, é cara!

Sexta-feira, fim de expediente

TARDE DO SEGUNDO DIA DE GREVE: TELEFONES E SALTOS DAS SEcretárias emudecidos. Mesmo assim, a liturgia prossegue. Pela décima primeira vez, o contínuo do gabinete do ministro celebra seu ofertório de refrescos e cafezinhos pela Sala de Imprensa.

Frederico, rapaz bonito e de boa vontade, cabelos displicentes, camisa e gravata tentando combinação impossível com a calça Levis desbotada, resolveu. Não participaria de mais nenhuma celebração, de nenhuma brincadeira de bandido e mocinho. Depois de olhar uma hora seguida o estacionamento do ministério, com fome e dores pelo corpo todo, resolveu que, enfim, voaria. Não quis café nem a tragada no cigarro oferecido pelo amigo que fazia piquete, instalado havia horas numa velha poltrona, lendo os jornais do dia. Um rugido de "que esculhambação é essa?" reverberou, de repente, por quase todo o andar. Teria, sim, um *gran finale* apenas seu.

Tirou os sapatos, a gravata, o relógio, o papel da máquina de escrever. Abriu a janela do oitavo andar e precipitou-se num voo de alguns eternos segundos rumo ao estacionamento vazio.

— Onde foi mesmo que deixei meu carro?

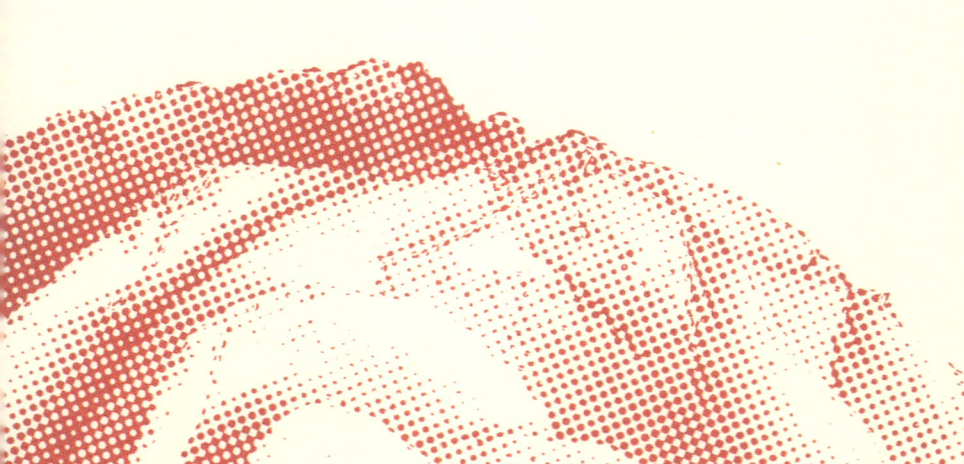

Se acontece, é porque tem muita força

DEPOIS DE DOIS PERÍODOS DE ESTÁGIO NO JORNAL DO BRASIL, UM dos meus chefes, Antônio Belucco, me pegou pela mão e me disse:

— Gosto muito do seu trabalho. E aqui não te valorizam. Vamos ali na *Gazeta Mercantil*, vou te apresentar pro Rogério Troyano.

Era só atravessar a rua. O *JB* funcionava no edifício Denasa, no Setor Comercial Sul. No edifício Oscar Niemeyer, logo em frente, funcionavam as sucursais da *Gazeta* e de O *Globo*.

Troyano foi direto, disse que já tinha uma candidata para a vaga. Saímos de lá murchinhos, porque fui com o coração disparado, contagiado pelo entusiasmo do Belucco. Tudo o que eu queria era trabalhar na *Gazeta*, onde já estavam minhas amigas e então colegas de UnB, Cláudia Safatle e Miriam Leitão. Não foi daquela vez. E a pessoa contratada no meu lugar nem permaneceu tanto tempo no jornalismo. Mudou logo de rumo profissional.

Um amigo me indicou, então, para trabalhar com o José Negreiros, editor do *Jornal de Brasília*, que precisava de assistente. Fui lá e vi que ele era organizado demais para o meu jeito. Numa época em que simplesmente enchíamos linhas e linhas de rabiscos quando errávamos, Negreiros usava borracha. Ele me deu algumas tarefas para fazer enquanto ia buscar os meninos na escola. Fiquei ali um tempo matutando e... deixei um bilhete dizendo que ele procurasse outra pessoa para vaga. Realmente, a organização e a metodologia de trabalho dele me assustaram. Não conseguiria mesmo trabalhar com alguém assim.

Passados alguns dias, o Etevaldo Dias (*O Globo, Veja, Jornal do Brasil* e porta-voz do Collor, quando presidente) informou à praça que estavam também precisando de gente na editoria de Economia. Fui até lá. Ele, simpático como sempre, foi logo me dizendo:

— Clara, você é muito engraçada. Diz que quer trabalhar na editoria de Economia, que não quer fazer qualquer coisa. Falando sério, você não é nem formada e já quer começar assim, cobrindo isso e aquilo?

— Não, eu já passei um ano no *JB* fazendo isso e aquilo. Agora, quero uma área só para mim.

— Olha, eu tenho aqui o Ministério da Indústria e do Comércio. Mas é para a Evelyn Penna, que faz a coluna "Dona Laura vai às compras". Se você quiser, pode ficar com a coluna.

Que remédio? Lá fui fazer a tal coluna que era de dicas de pechinchas ao consumidor. Algumas semanas depois, não fui trabalhar. Estava achando aquela vida de andar de loja em loja chata demais. Nem era bem recebida. Quase sempre achavam que eu pediria alguma coisa em troca.

Me despedi da coluna por telefone, sem nenhuma gratidão. E, para acalmar os nervos, comecei a dar uma faxina na casa. Estava lá, me lembro, lavando a parede do corredor, quando o telefone tocou. Era a Beatriz Abreu, de *O Globo*, que cobria o Superior Tribunal Militar:

— Clara, o Marcelo Netto quer falar com você.

Na época, éramos vizinhos, na 406 Norte, do Marcelo e da Mirinha (Miriam Leitão), então casados. Muitas vezes, eu chegava na casa deles e ela, na cozinha, aprontava o almoço . Ele, na sala, a passar a camisas social do dia. Eu ficava ali brincando com o Vladimir. O Matheus ainda nem havia nascido.

Marcelo, que já era repórter especial do *Correio Braziliense*, disse para eu me apresentar ao Carlos Alberto, chefe da Agência de Notícias dos Diários Associados, a Anda. Estava precisando de um repórter para atender pautas exclusivas que vinham de uma rede de jornais de todo o Brasil. Fui. No outro dia, já estava trabalhando, devidamente contratada — e o melhor: ganhando bastante bem. Não posso dizer que meus pais, desencantados com meu futuro, depois do meu pedido de demissão da Fundação Educacional, ficaram radiantes com a notícia. Mas entenderam, enfim, que a filha encontrara o que gostaria de fazer na vida.

O fim é só
outro começo

NAS ASAS DA VARIG. FEVEREIRO DE 1979. CRUZO O ATLÂNTICO pela primeira vez. É também minha primeira cobertura internacional. Faz poucos meses que estou no *Correio Braziliense*, depois de estagiar por quase um ano no Jornal do Brasil.

O governo Geisel terminava. Karlos Heinz Rischbieter, presidente do Banco do Brasil, havia sido formalmente convidado para o ministério da Fazenda do último presidente militar, general geógrafo, João Baptista de Oliveira Figueiredo, que prometia a abertura política.

Recém-casada, enfrento a doença e a morte prematura de minha mãe. Viajo na comitiva do futuro ministro em périplo pela Europa e África. Meu trabalho restringe-se apenas à agenda de Londres. Mas foi minha entrada, de fato, na cobertura da área econômica.

Marisa se aventura sozinha em viagens pelo Brasil. Vai de Belo Horizonte à Bahia de trem. Em Salvador, roubaram-lhe tudo o que tinha, já no primeiro dia de praia. Voltou para a casa dos pais, sossegou o pito. Engatou noivado com o rapaz de São Gotardo. Fizeram juntos uma família de cinco filhos.

Stella, já casada e com dois filhos, chega de ônibus ao Rio de Janeiro. Tem encontro marcado com o escritor Cyro dos Anjos. Entrega-lhe a cópia dos originais de seu primeiro livro, *Dentro das lamparinas*. Cyro lhe escreve:

272

Cara Stella Maris,

*Gostei muito dos seus contos. Você nos dá uma série de fla-
grantes — admiráveis alguns, sempre interessantes os demais —
da vida das criaturas pequenas, oprimidas, de horizontes fechados.
Um livro que comove pela bela forma literária e pela humanidade
dos tipos que traz à convivência do leitor.*

Era apenas o início de uma longa e apaixonada amizade com as pa-
lavras não só ditas, ruminadas e escritas, também impressas em livros.
Em 2012, a escritora vence o prêmio Jabuti de Literatura Juvenil e o
Jabuti de O Livro de Ficção do Ano com *A mocinha do Mercado Central*.

Miriam Leitão, de Caratinga, ganhou, no mesmo ano, o Jabuti de
Livro de Não Ficção do Ano, com *Saga Brasileira — A longa luta de um
povo por sua moeda*. O retrato de um país que pode, sim, ter rumo.

Meninas do interior de Minas, brasilienses de coração, entende-
mos bem cedo que adversidades e oportunidades são cara e coroa
da mesma moeda. Acontecem, ao mesmo tempo, o tempo todo na
vida. Alegres ou tristes, na saúde e doença, na vida e morte de pessoas queridas, no cansaço da nossa rotina de trabalho, casamentos
feitos e desfeitos, filhos pedindo atenção, conseguimos alimentar
nossa paixão pelas palavras. Escrevemos.

Tarde de 03 de julho de 2020. Ainda com alguma esperança de
que poderíamos superar sem tantos atropelos e tanto tempo, algum
discernimento, clareza, responsabilidade pessoal e coletiva, os impactos da pandemia do coronavirus, envio para a revisão o original
deste meu segundo livro. O primeiro, Tempestade Tropical — Cadernos de Viagem teve o lançamento de 16 de abril cancelado, por conta
das medidas de isolamento social. Abril de 2021 finda e ainda continuamos isolados, Nossos mortos pela pandemia chegam a centenas
de milhares. O Brasil chora. A lida de escrever é incessante em qualquer circunstância. Palavras escritas e lidas estendem-nos as mãos.

273

Epí-logo

Sou eu ali e a porta do teatro já se abre

NOSSA VIDA É FEITA DE ABANDONOS E PERDAS DE PESSOAS QUE-ridas porque morreram, porque crescemos, porque não temos tempo pra quase mais nada. Depois do trabalho, um pouco de atenção para a família, aquela bem restrita. A ampliada — de tios, avós e primos — só existe agora em álbuns de retratos.

Também perdemos espaços queridos: aquela calçada, testemu-nha de tantos beijos e canções na madrugada. Cinemas que não existem mais. Penumbras aconchegantes que se extinguiram com a nova iluminação da quadra.

Adolescentes ou jovens adultos, amigos são nosso mundo. Só queremos estar com eles, respirar o mesmo ar. Ficávamos o dia in-teiro envolvidos em estudos, algum cinema, teatro e as inevitáveis conversas sobre como mudar esse mundo cruel e a existência ou não de Deus. Enfim, em casa, para desespero dos nossos pais, já chegávamos sofrendo de abstinência.

Depois de um banho rápido, de beliscar qualquer coisa da ge-ladeira, sem ao menos a delicadeza de esperar pela janta quase pronta, a escapada de sempre para perambulações, curtições que a turma batizou de otárias, sem destino certo. Rezávamos para que horas passassem bem devagar ou nem passassem.

— Esta casa não é hotel — grita minha mãe já me ouvindo bater a porta e ganhar a rua.

Sou eu ali e a porta do teatro já se abre. Aquela de bolsa de retalhos coloridos, a tiracolo. Olho, aflita, em direção ao estacionamento. Chega quem espero? Não, não é ele. Combinou e não apareceu. Entrego o ingresso conformada e entro sozinha. Vida que segue.

Sou também a garota da fila do cinema. Aquela de longos cabelos puxados pra trás, amarrados num rabo de cavalo, sandálias rasteiras e pulseiras de balangandãs dançantes. A que abraça e beija o namorado que parece nunca pentear os cabelos. É infinito o espelho do passado.

O ventre da terra uiva,
vulcões explodem
tudo que era fogo esfria e resplandece, novo em folha,
em esmeralda.
Daquela greta escura, que mancha o mais belo mármore
do qual fomos feitos um dia,
surge a frágil flor do que foi nossa vida.

AGRADECEMOS PELO APOIO
À EDIÇÃO DESTE LIVRO

Bartolomeu Rodrigues
Beatriz Abreu
Carlos Alberto dos Santos
Cybele Dan
Dário Favilla
Dante Favilla
Filippo La Rosa
Graça Seligman
Elda Martins
Ijalmar Nogueira
José Carlos Barroso
José Romildo de Oliveira Lima
Leda Flora
Macao Goes
Mailson da Nóbrega
Miriam Leitão
Odail Figueiredo
Rita Medeiros
Rosa Dalcin
Rosa Sampaio
Tânia Bazan

• • •

Projetado por Renata Ratto e Breno Lima
para a Musa Editora, utilizadas as tipografias
Roboto e Roboto Slab. A 1ª edição foi impressa
pela gráfica Forma Certa, em papel pólen bold 90g,
para o miolo, e cartão supremo 300g, para a capa.
Primavera de 2021. Segundo ano da Pandemia
do Coronavírus.